W0358533

LA GLOIRE DES BONS À RIEN

SYLVAIN DETOC

LA GLOIRE DES BONS À RIEN

Petit guide à l'usage des cathos découragés

LES ÉDITIONS DU CERF

Ouvrage apporté
par
PHILIPPE VERDIN

NIHIL OBSTAT
É. POHLÉ, o. p.
J.-M. BOUDAROUA, o. p.

IMPRIMI POTEST
Toulouse, le 25 juillet 2022
O. DE SAINT MARTIN, o. p.
Prieur provincial

© *Les Éditions du Cerf*, 2022
www.editionsducerf.fr
24, rue des Tanneries
75013 Paris

ISBN : 978-2-204-15178-8

J'en suis persuadé, celui qui a commencé en vous un si beau travail le continuera jusqu'à son achèvement au jour où viendra le Christ Jésus.

Philippiens 1, 6

Introduction

Un grand saint fit un jour cette prière : « Seigneur, montre-moi ma misère. Ne me cache rien. »

Il fut aussitôt exaucé. Dieu lui fit voir toutes ses imperfections, ainsi que la portée insoupçonnée de ses péchés.

L'expérience fut si cuisante qu'il supplia *illico* : « Pitié, Seigneur ! Arrête ! » En présence de la majesté de Dieu, tout saint qu'il fût – et il l'était vraiment –, il eut l'impression de n'être qu'un bon à rien.

Un bon à rien ? Comme ce « serviteur mauvais et paresseux » que la parabole des talents invite froidement à mettre à la porte ? Jésus n'est pas tendre avec lui : « Ce serviteur bon à rien, jetez-le dans les ténèbres extérieures... » (Matthieu 25, 30).

Ou comme le sel qui a perdu sa saveur ? Ce condiment dénaturé, déplore le Seigneur, « il n'est plus bon à rien qu'à être jeté dehors » (Matthieu 5, 13).

Dans les enseignements du Christ, en vérité, il ne fait pas bon être un bon à rien. Écrire un plaidoyer en faveur de la médiocrité, donc, ne serait guère dans le ton de l'Évangile. Et laisser croire que le christianisme est un misérabilisme qui s'autorise indéfiniment de la miséricorde de Dieu ne serait pas honnête non plus.

Tel n'est pas le but de ce petit livre. Leur « gloire », les « bons à rien » ne la tirent pas de leur médiocrité. Ils la reçoivent de l'amour inconditionnel dont Dieu les précède et les enveloppe continuellement, quelles que soient les misères qui accablent leur vie. Cet amour est l'appui inébranlable de leur foi, le socle infaillible de leur espérance. Ils y restent collés, comme ces moules ventousées à leur rocher qui résistent aux marées et aux tempêtes les plus violentes.

La Bible et les vies de saints nous le montrent : nous aurions beau être des vauriens, Dieu ne cesserait pas de nous aimer et de solliciter notre liberté. Le bandit canonisé par Jésus au Calvaire, connu sous le nom de « bon larron », en est l'icône la plus frappante. Ici-bas, il n'est jamais trop tard pour accueillir l'Amour éternel qui nous a tirés du néant et que Jésus nous invite à appeler « notre Père ».

Par nous-mêmes, nous ne vaudrions pas grand-chose, c'est sûr. « Qui donc peut être sauvé ? », demandent les disciples à Jésus, après que ce dernier leur a expliqué qu'« il est plus facile à un chameau de passer par le trou d'une aiguille qu'à un riche d'entrer dans le royaume des Cieux ». Et le Christ de répondre : « Personne ! » Car se hisser soi-même jusqu'à Dieu n'est pas à la portée des hommes – *a fortiori* des pécheurs. « Mais, ajoute immédiatement Jésus, pour Dieu, tout est possible » (Matthieu 19, 26). Voilà qui devrait suffire à calmer quelques angoisses : même les grippe-sous ont un avenir.

Or, sous le regard de Dieu notre Père, nous ne sommes pas des vauriens. « Tu as du prix à mes yeux, tu as de la valeur, et je t'aime », nous assure-t-il par la bouche du prophète Isaïe (43, 4).

Dieu est bon. « Infiniment bon », dit « l'acte de contrition » qu'on est invité à réciter, si l'on s'en souvient, avant de recevoir l'absolution de ses péchés. Le « bon Dieu », comme on l'appelait machinalement autrefois, n'attend pas que nous devenions des « gens bien » pour nous inviter à partager sa gloire. Saint Paul l'a enseigné très tôt dans sa lettre aux Romains : c'est « alors que nous n'étions encore *capables de rien* » que Jésus nous a aimés au point de donner sa vie pour nous (5, 6). Le sentiment d'être des incapables peut bien nous tarauder, n'attendons pas d'avoir un cœur chimiquement pur pour vivre de cet amour, sans quoi nous n'en vivrons jamais.

Et si, au lieu de nous épuiser à singer les saints de plâtre perchés sur leur piédestal, nous commencions par accueillir cette humanité fêlée que Dieu a aimée jusqu'à la folie de la crèche et de la croix ?

Nous ressemblons un peu à ce voyou de Zachée, tel qu'il est représenté sur la couverture de ce livre. Pour surmonter notre nanisme spirituel et surplomber notre petit monde, nous n'hésitons pas à grimper aux arbres. Moyen habile, par la même occasion, de soustraire notre indigence aux regards des autres, comme Adam, déjà, cachait sa nudité sous le feuillage du Paradis ! Mais voilà que Jésus s'approche de nous, comme d'un écureuil à apprivoiser. Il nous tend la main et nous invite avec chaleur : « Zachée, viens ! N'aie pas peur. Tu n'as pas besoin de te cacher. Je sais qui tu es. Je connais ta misère. Et cela ne m'empêche pas de t'aimer. Puis-je demeurer chez toi ? »

Sans doute Zachée eut-il un bref mouvement de recul ? « Zut, il m'a vu ! », semble-t-il dire, la main collée sur la bouche, à la manière de ces frimousses dodues et colorées qui ponctuent nos messages électroniques. Mais, par l'évangéliste Luc, nous connaissons la suite : « Vite, Zachée descendit et reçut Jésus avec joie » (Luc 19, 6). Si ce petit livre nous aide à en faire autant, il aura atteint son objectif.

Cet objectif, si vous le voulez bien, nous y tendrons en donnant à Dieu un triple consentement.

Nous commencerons par accepter que Dieu ne confie pas sa Parole à des champions de l'évangélisation, mais à des « sous-doués ». Faire appel à des branques, visiblement, fait partie de sa politique de recrutement.

Ce premier consentement en appellera un second, plus fondamental : consentir à être ce que nous sommes ! À savoir des terriens, dont la pâte humaine n'est pas autre chose que la glaise pétrie en Adam et transfigurée en Jésus.

Rassurés, nous pourrons alors consentir à prendre notre part de l'aventure, à la suite des Patriarches, des Prophètes, des Apôtres. Parmi ces serviteurs de la Parole, beaucoup ont prétexté qu'ils n'étaient pas à la hauteur. Mais Dieu les a choisis et confirmés dans leur labeur. Avis aux amateurs !

Le recrutement des bons à rien

Le bon Dieu, à première vue, est un très mauvais « Directeur des Ressources Humaines »…

Ses « cadres », c'est à se demander s'il ne les recrute pas parmi les personnes les moins qualifiées. Ce « DRH » fantasque ne s'intéresse ni aux diplômes, ni à l'expérience. *Exit* le *Curriculum Vitae.*

Le bon Dieu, apparemment, préfère les bons à rien.

Le « personnel » de l'Église ?

Les bons à rien dont il est question ici ne sont pas ceux auxquels l'actualité pourrait nous faire penser. Non, ce n'est pas du « personnel » de l'Église qu'il s'agit. Du moins, pas directement.

Le « personnel » de l'Église ? L'expression peut surprendre. Elle est empruntée au philosophe

Jacques Maritain. Ce dernier distinguait avec bonheur la « Personne » de l'Église et son « personnel ».

Sa « Personne », pour faire court, c'est Jésus lui-même. C'est Jésus *continué*. L'Église, comme l'a enseigné saint Paul dès le début de l'aventure chrétienne, n'est pas autre chose que le « Corps du Christ ». Un corps vivant, animé par le souffle de l'Esprit Saint. Un corps dont Jésus est la « tête », et dont les croyants sont les « membres ». En ce sens, pour reprendre les mots de l'Apôtre, l'Église est « resplendissante, sans tache [...] sainte et immaculée » (Éphésiens 5, 27). En ce sens, également, l'Église n'est pas d'abord une entreprise humaine, mais une affaire divine. Tant mieux ! C'est ce qui explique sa longévité, malgré les multiples défaillances de son « personnel ».

Les choses se gâtent, effectivement, quand on considère l'Église d'une façon plus terre à terre.

Concrètement, l'Église, ce sont ces milliards de femmes et d'hommes incorporés au Christ par les eaux du baptême depuis bientôt deux mille ans – sans compter ces innombrables « chrétiens anonymes », ces personnes « de bonne volonté » que le salut a rejointes, Dieu sait comment, à travers l'espace et le temps, bien au-delà des limites visibles de l'Église. Or ces membres du corps ecclésial, eux, ne sont pas aussi saints que la tête. Chacun de nous en a fait l'expérience. C'est la banale pesanteur de notre péché. Dès lors, quand parmi tous ces membres, certains sont appelés à accomplir une mission particulière au service du corps entier – pensons au « serviteur des serviteurs de Dieu », le pape ; ou aux évêques, aux prêtres, aux diacres, aux religieuses, aux catéchistes, etc. –, faut-il s'étonner que ce « personnel » soit soumis lui aussi aux lois de la pesanteur ?

La « Personne » de l'Église est sainte ; son « personnel » ne l'est pas. Pas toujours... Pas encore... Pas tout à fait...

Le naufrage des vedettes

Saints ou pas, en tout cas, les membres de l'Église ne sont pas des anges, quels que soient leurs diplômes ou leur pedigree.

Autrefois, on pensait benoîtement que la consécration religieuse conduisait à mener la vie parfaite de ces créatures purement spirituelles qui peuplent l'au-delà de la matière. Mais que reste-t-il de cette conception « hors sol » maintenant que de multiples procès, juridiques ou médiatiques, lessivent le tissu ecclésial entaché par de sordides affaires ? Ces démarches douloureuses permettent enfin de faire éclater la vérité et de rendre justice aux personnes abusées au sein de nos communautés, là même où elles auraient dû trouver réconfort et sécurité. Il était temps !

Si seulement ces démarches pouvaient aussi aider l'Église à devenir *vraiment* « experte en humanité », suivant l'ambition de Paul VI, et à entraîner l'humanité tout entière, du même coup, dans la floraison de progrès que l'Évangile a semés sur notre terre ! Si seulement ces désillusions pouvaient contribuer à nous libérer des conceptions immatures et désincarnées qui conduisent encore trop de fidèles à consentir à une vie infra-humaine au nom – prétend-on – du « surnaturel » !

Dans l'élan du concile Vatican II sont apparues de nouvelles formes de vie religieuse. Beaucoup, pendant un temps, ne juraient que par ces communautés dites « nouvelles », d'obédience « charismatique » ou plus « traditionnelle ». Mais ces « start-up » de Dieu, après un démarrage en côte sur fond de récession de la foi, ont connu de graves crises. Parmi les vedettes qui les sillonnaient, quelles sont celles qui n'ont pas fait naufrage ? Amère désillusion pour tant de chrétiens fervents qui ont écouté les soi-disant « prophètes des derniers temps » !

Mais les communautés auréolées d'une sagesse plus ancienne ne sont pas dispensées de balayer devant leur porte. Quand on sait que parmi les très séraphiques moines du mont Athos, certains n'échappent pas à des accusations devenues banales dans ce domaine, on ne jure plus de rien. Inutile d'éplucher la presse à scandale ou de fouiller dans les archives de la police de Thessalonique. Il suffira de jeter un œil au beau livre publié par Jacques Lacarrière en 1976, *L'Été grec*.

Au XVIIe siècle, l'archevêque de Paris se plaignait des religieuses de Port-Royal et de leur supérieure, la bien nommée Mère *Angélique* : « Elles sont pures comme des anges, orgueilleuses comme des démons », disait-il. La réalité était probablement plus terre à terre, là aussi. La sagesse populaire l'a bien compris : « Qui fait l'ange fait la bête. » On se fiera plus volontiers au bon sens minéral d'une Bernadette Soubirous. Arrivée au couvent des Sœurs de la Charité de Nevers, une postulante s'étonne de son allure. « C'est ça Bernadette de Lourdes ? », demande-t-elle, dépitée. Et la mystique la plus célèbre du XIXe siècle de lui répondre : « Oui, ce n'est que ça. »

À une vie angélique, préférons donc humblement une vie évangélique. Fût-ce celle, toute terrestre, de ces bons à rien que Dieu affectionne et auxquels il accorde sa grâce ici-bas, sa gloire au-delà.

« Le poids de la gloire »

Sainte Bernadette – ce livre, écrit à l'occasion du Pèlerinage du Rosaire à Lourdes en octobre 2022, lui doit sa genèse – a donné jusqu'à la fin de sa vie le témoignage d'une vie authentiquement évangélique… et pas angélique pour un sou ! Voir la Sainte Vierge n'a pas fait d'elle un corps éthérique, loin de là ! Au cours de la deuxième apparition, certains ont témoigné qu'en extase, ce petit corps mal nourri était difficile à déplacer tant il était… *lourd*. Voilà ce qu'on pourrait appeler « le poids de la gloire » ! Celle de Dieu, qu'il communique à ses amis terriens.

Ce n'est pas sans raison que dans le langage de la Bible, comme nous l'apprennent les exégètes, le vocabulaire de la « gloire » repose précisément sur une racine hébraïque qui désigne… ce qui a du poids !

Mais là aussi, gare aux contrefaçons ! Dans une assemblée de prière où étaient censés se produire des miracles sous l'action effervescente du Saint-Esprit, un jeune homme se trouva un jour à côté d'une religieuse littéralement pliée en deux. Au bout d'un certain temps, il comprit qu'il ne s'agissait pas du traditionnel geste d'adoration que font les moines quand ils s'inclinent profondément à la fin des psaumes pour chanter « Gloire au Père et au Fils et au Saint-Esprit… ». Inquiet pour la colonne vertébrale de cette sœur, il lui demande si tout va bien. Elle répond, le regard extatique : « C'est le poids de la gloire ! » et lui fait comprendre qu'en pesant ainsi sur ses épaules, le Saint-Esprit lui donne une leçon d'humilité. Sur le coup, le garçon est dérouté, mais il ne demande pas mieux que d'y croire. Il se mettra à douter quelque temps plus tard, quand il apprendra que le prêtre qui dirigeait cette assemblée a disparu des radars. L'autorité ecclésiastique lui a ordonné de ne plus exercer son ministère, après les plaintes que plusieurs de ses « philothées » désenchantées ont fini par déposer contre lui...

Les « vies de saints » ne manquent pas d'histoires où ont pu éclore d'authentiques manifestations de l'Esprit. Certaines, d'ailleurs, sont troublantes. Mais elles trouvent, un jour ou l'autre, un déchiffrement et une confirmation dans la vie même de ces amis de Dieu. Nous recroiserons bientôt Bernadette, vraie fille d'Adam « le Terreux », à genoux dans la gadoue, les mains et le visage maculés de boue. Un tableau déroutant, bien loin des représentations vaporeuses dont la piété catholique a eu parfois le secret. Beaucoup savent par quelles épreuves cette jeune sainte est passée : les ennuis de santé qui ont rongé sa chair depuis l'enfance et qui ont fini par l'emporter à l'âge de trente-cinq ans ; la banqueroute de ses parents ; les accusations de vol et la prison pour son père ; la dégringolade sociale de la famille ; la faim, le froid, la promiscuité d'un logement insalubre, aux lucarnes ouvertes sur un tas de fumier ;

le mépris des bourgeois, aussi bien de la part des bien-pensants de la paroisse que des athées notoires ; les coups, enfin.

Assurément, Bernadette n'a pas passé sa vie terrestre à côté de ses sabots, encore moins au-dessus d'eux. Sa vie, c'est aussi du sang, des larmes, de la sueur et des glaires. Sainte, Bernadette ne l'est pas devenue en exténuant sa chair déjà bien malade pour rejoindre Marie au Ciel, mais en laissant Dieu achever en elle ce qu'il avait commencé dès le sein maternel. On peut contempler aujourd'hui l'ébauche de ce chef-d'œuvre dans la chapelle des Sœurs de Nevers. Le corps de Bernadette y repose, mystérieusement intact, tourné vers ce monde invisible qu'elle avait contemplé à la grotte de Massabielle : signe d'une résurrection qui n'évacue pas la chair mais la transfigure.

Les « sous-doués au pays de Jésus »

Mais revenons à notre « Directeur des Ressources Humaines » et à son étrange politique de recrutement.

Les « cadres » médiocres auxquels nous songeons, disions-nous, ne sont pas ceux du « personnel » de l'Église. Il faudrait en parler longuement, mais pas avant d'avoir fait suffisamment de chemin avec un autre « personnel », peu brillant lui aussi : celui de la Bible. En fréquentant quelques-unes de ces figures célèbres auxquelles Dieu a confié un rôle majeur dans l'histoire de notre salut, peut-être comprendrons-nous mieux comment le divin « DRH » conduit ses affaires ?

Du moins, s'il y a quelque chose à comprendre ! Dieu veut faire naître un peuple qui lui soit consacré ? Il recrute Abraham, un nonagénaire flanqué d'une femme stérile, Sara. Dieu veut arracher son peuple à la servitude de Pharaon et le conduire jusqu'en Terre promise ? Il engage un chef bègue et peu doué pour la politique : Moïse. Dieu veut que sa parole retentisse auprès des prêtres en fonction dans les sanctuaires d'Israël ? Il embauche Amos, un gardien de bœufs mal dégrossi...

On pourra feuilleter ainsi toute l'Écriture, Ancien et Nouveau Testament. L'« erreur de casting », semble-t-il, y est une bévue récurrente. Gédéon ? Trop défaitiste. Ruth ? Trop marginale.

David ? Trop gringalet. Job ? Trop plaintif. Esther ? Trop timorée. Jérémie ? Trop immature. Jonas ? Trop revanchard. Du côté des ancêtres du Christ, en somme, ce n'est pas très glorieux.

Du côté des contemporains de Jésus, ce n'est pas mieux. Pierre ? Un lâche et un renégat. Jacques et Jean, les fils de Zébédée ? Des ambitieux. Matthieu ? Un « collabo ». Paul ? Un fanatique. Marie de Magdala ? Une courtisane, possédée par-dessus le marché… Et l'on ne parle pas de tous ces *Vermisseaux de l'Évangile*, ces personnages ultra-secondaires croisés çà et là, auxquels le frère Philippe Verdin a accordé, en 2018, une enquête qui nous fait entrevoir davantage ce côté « cour des miracles » de la communauté chrétienne primitive. Ne disait-on pas du Christ lui-même qu'il était « un ivrogne et un glouton » (Matthieu 11, 19) ? Et puis, « de Nazareth, peut-il sortir quelque chose de bon ? » (Jean 1, 46).

Vu sous cet angle, le « personnel » de la Bible se rapproche plus des « sous-doués au pays de Jésus » que des héros de péplum. Pour une lecture héroïque de la Sainte Écriture, « façon » *Les Dix Commandements* ou *Ben Hur*, il faudra repasser. Est-ce pour avoir flairé cette odeur de navet que certains convertis – pensons à saint Augustin, mais aussi à Paul Claudel et à d'autres encore – ont eu tant de peine, dans un premier temps du moins, à croire que les mots de cette littérature décalée, à leur goût si grossière, pouvaient vraiment véhiculer la Parole de Dieu ?

L'ÉVANGILE DES BAS-FONDS

Voilà qui nous autorise en tout cas à ne pas traiter la Bible comme un Goncourt, même si présenter ces grandes figures bibliques comme des bons à rien est un peu « gros grain », il faut bien le reconnaître. De la part d'un homme d'Église, censé révérer les livres saints, on attendrait mieux.

Mais ce serait enjamber sans vergogne le rappel fait par Paul aux chrétiens de Corinthe, au début de la première lettre qu'il leur adresse (1, 25-28). En leur rafraîchissant la mémoire, Paul nous livre au passage les lignes de la Bible qui mériteraient de servir d'aiguillon spirituel aux mondains, aux bégueules et aux donneurs de leçons qui frayent dans nos communautés chrétiennes aujourd'hui :

Frères, vous qui avez été appelés par Dieu, regardez bien : parmi vous, il n'y a pas beaucoup de sages aux yeux des hommes, ni de gens puissants ou de haute naissance. Au contraire, ce qu'il y a de fou dans le monde, voilà ce que Dieu a choisi, pour couvrir de confusion les sages ; ce qu'il y a de faible dans le monde, voilà ce que Dieu a choisi, pour couvrir de confusion ce qui est fort ; ce qui est d'origine modeste, méprisé dans le monde, ce qui n'est pas, voilà ce que Dieu a choisi, pour réduire à rien ce qui est...

Comme tous les grands ports commerciaux, expliquent les éditeurs de la Bible de Jérusalem, « Corinthe était fâcheusement réputée pour la liberté de ses mœurs ». Le Seigneur, lui, n'en était pas gêné, apparemment ! À Paul, en songe, il ordonne d'y annoncer l'Évangile sans crainte, avant de révéler : « Dans cette ville, j'ai pour moi un peuple nombreux » (Actes 18, 10). Dans ce port malfamé, effectivement, l'Esprit Saint va faire naître par la parole de Paul une Église prestigieuse, mais en recrutant un personnel qui rappelle celui des romans picaresques (ces romans espagnols du XVIe siècle qui s'amusent à prendre le contre-pied des pieux romans de chevalerie et racontent les aventures peu édifiantes d'un personnage de basse extraction sociale – en espagnol, un *pícaro*).

Et puis, même s'il est baptisé et prêtre, avant d'être *d'Église*, l'auteur de ce livre est *un homme*, justement. Et c'est cette commune pâte humaine qu'il a reconnue chez ces personnages un peu loufoques qui n'ont pas besoin qu'on les déleste de leur humanité, toute pesante qu'elle soit, pour devenir des saints.

L'auteur n'a pas oublié, par ailleurs, cet avertissement de Jésus : « Les publicains et les prostituées vous précèdent dans le royaume de Dieu » (Matthieu 21, 31). Il n'en prend pas ombrage. Au contraire, même, il s'en réjouit. Car Jésus n'a pas dit : « Les publicains et les prostituées prendront votre place dans le royaume de Dieu. » Ou encore : « Vous n'entrerez pas dans le royaume de Dieu, alors que les publicains et les prostituées, si ! » Jésus dit plutôt : « Quand vous arriverez dans le royaume de Dieu, vous serez surpris. Vous verrez passer devant vous ces femmes et ces hommes qui, aux yeux de beaucoup, étaient perdus en raison de l'énormité de leurs péchés. Mais Dieu leur a fait grâce et miséricorde, et ils ont finalement accueilli ce salut qui a transformé leur cœur. Alors, si vous êtes mes amis, vous vous réjouirez avec moi de voir que Dieu, réellement, a sauvé “ce qui était perdu” [Luc 19, 11]. Car “il y a plus de joie au ciel pour un seul pécheur qui se convertit que pour quatre-vingt-dix-neuf justes qui n’ont pas besoin de conversion” [Luc 15, 16], et “ce ne sont pas les gens bien portants qui ont besoin du médecin, mais les malades” [Matthieu 9, 12-13]. »

Une telle magnanimité nous choque ? Rappelons-nous alors que c’est aussi à des prostituées et à des femmes adultères que le peuple de Dieu est parfois comparé dans la Bible – et Dieu, par la même occasion, à un mari cocu !

Dans le langage de beaucoup de prophètes, quand Israël se tourne vers un autre dieu, c’est comme s’il commettait une infidélité et comme s’il se prostituait. Dieu serait donc en droit de répudier une épouse si humiliante. Mais ce n’est pas ce qu’il fait. Au prophète Osée, Dieu demande d’épouser une prostituée, de lui faire des enfants (Osée 1), et même de tolérer ses adultères (Osée 3) ! Le message est clair : Dieu ne laisse pas tomber le peuple qu’il a aimé depuis qu’il a fait alliance avec lui ; il ne renonce pas à la fécondité de son dessein, malgré tant d'infidélités.

Dans l'Évangile, cette figure nuptiale recevra une portée plus remarquable encore. Jésus, « l'Époux » de l'Église (Jean 3, 29 ; Éphésiens 5, 25), se laisse laver les pieds par une prostituée en larmes, au point de scandaliser toute la maisonnée où la scène se produit (Luc 7). Et c'est à Marie de Magdala, la courtisane libérée de ses nombreux démons, que Jésus confie la nouvelle la plus incroyable de toute l'aventure humaine. C'est Marie-Madeleine, en effet, qui annonce la joie de la Résurrection aux disciples encore repliés sur eux-mêmes (Jean 20, 18) et devient ainsi « l'apôtre des Apôtres », comme on l'appelle à présent.

Qui pourrait encore douter de la miséricorde de Dieu pour son Église, quand l'Écriture met ainsi à l'honneur tant de personnes sorties des bas-fonds ?

Moïse, le bègue…

L'impression d'amateurisme est prégnante lorsqu'on survole l'histoire du salut et son prolongement dans l'histoire de l'Église. Elle est saisissante lorsqu'on s'attache à ceux qui exercent le charisme de prophétie.

La première génération biblique, celle des Patriarches, qui va de Noé à Joseph et qui culmine en Abraham, n'a pas vraiment – ou pas encore – la mission de transmettre la Parole de Dieu au reste de l'humanité. Ces hommes sont des interlocuteurs privilégiés du Très-Haut ; ils posent, par leur attitude pleine de foi, les pierres d'attente de son dessein de salut en faveur de tous les hommes.

À partir de Moïse, en revanche, Dieu recrute des porte-parole et des interprètes, ou, pour parler grec, des « prophètes ». Moïse inaugure en quelque sorte ce ministère, même si des figures comme l'énigmatique Melchisédech, à l'époque d'Abraham, avaient déjà ébauché cette fonction oraculaire (Genèse 14).

On se représente spontanément Moïse en messager très sûr de lui. On se souvient par exemple du fringant Charlton Heston dans *Les Dix Commandements*, le doigt pointé sur Pharaon, l'œil sévère : « Let my people go ! » Le texte biblique, lui, est moins flatteur. Quand Dieu se révèle à Moïse au buisson ardent et le charge de porter sa parole aux Hébreux, celui-ci demande des garanties, avant de déclarer provisoirement forfait : « Moi, je n'ai jamais été doué pour la parole [...] j'ai la bouche lourde et la langue pesante [...] envoie n'importe quel autre émissaire » (Exode 4, 10).

De fait, les premières entrevues avec Pharaon ne sont pas concluantes, pas plus que les tentatives de convaincre Israël qu'il faut fuir l'Égypte. Aussi, quand Dieu envoie Moïse au palais pour la énième fois, le prophète répond, découragé : « Les fils d'Israël ne m'ont pas écouté. Comment Pharaon m'écouterait-il, moi qui n'ai pas la parole facile ? » (Exode 6, 12). Encore la même rengaine un peu plus loin : « Je n'ai pas la parole facile. Comment Pharaon m'écouterait-il ? » (Exode 6, 30). En réalité, c'est à force de prodiges – les célèbres « plaies d'Égypte » – que Dieu soumettra le cœur obstiné de Pharaon, et non en vertu de l'éloquence de son ambassadeur.

Une fois que le peuple d'Israël sera tiré d'affaire, après le passage de la mer Rouge, la carrière de Moïse ne sera guère plus glorieuse. Les miracles ont beau se succéder, comme la traversée de l'eau à pieds secs ou le don providentiel de la manne et des cailles, quand le peuple a soif, la parole du chef ne suffit pas à les calmer : « Encore un peu, et ils me lapideront ! » (Exode 17, 4). Moïse est débordé. Et il peut bien s'entretenir avec l'Éternel d'une manière inouïe – aux autres prophètes, Dieu parle à travers des visions et des songes ; à Moïse, il parle « face à face, comme un homme parle à son ami » (Exode 33, 11 ; Nombres 12, 8) –, il faudra quand même que son beau-père Jéthro, qui n'est même pas juif, lui explique comment administrer son peuple et rendre la justice avec un peu plus de sens pratique (Exode 18, 13-27)… La prestation de Moïse, enfin, est si peu convaincante qu'à la première occasion, le peuple ne manque pas de se détourner de Dieu et de son prophète pour lui substituer la statue grossière d'un veau d'or (Exode 32).

Moïse, assurément, n'est pas la figure emblématique d'une franche réussite dans le ministère prophétique. Ses hésitations dans l'affaire de Meriba (au moment de frapper le rocher pour en faire jaillir l'eau et sauver le peuple de la soif) lui vaudront même de ne pas entrer en Terre promise (Nombres 20, 12 ; Deutéronome 32, 51). Dieu n'est pas bonasse avec son personnel ; ici, il ne laisse rien passer.

… OU LES MÉSAVENTURES DES PROPHÈTES

Moïse n'est pas le seul personnage de la Bible à bégayer dans la foi. En la matière, il ne fait qu'ouvrir le bal !

À l'époque des Juges, après l'installation des Hébreux en Terre promise, Gédéon n'est pas convaincu quand l'Ange du Seigneur salue en lui le « vaillant guerrier » qui sauvera Israël de la main des Madianites. Il répond, inquiet : « Comment sauverais-je Israël ? Mon clan est le plus faible dans la tribu de Manassé, et moi je suis le plus petit dans la maison de mon père ! » Comme Moïse au buisson-ardent, Gédéon réclame des garanties. Un premier signe pour s'assurer que c'est bien Dieu qui lui parle, alors Dieu fait jaillir le feu du rocher pour consumer l'offrande posée là par Gédéon. Un deuxième signe pour confirmer le premier, c'est l'histoire de la toison ; Gédéon étend une peau de mouton sur le sol et demande qu'au petit matin, la rosée imprègne la laine seulement et laisse le sol sec. Un troisième signe pour confirmer le deuxième : cette fois-ci, il faut que la toison reste sèche et que seul le sol soit mouillé. Et Dieu, une nouvelle fois, s'exécute (Juges 6).

Dieu ne se lasse pas. Cette patience, il l'avait déjà montrée avec Abraham, quand ce dernier essayait de négocier la survie des habitants de Sodome et le salut de son neveu, Lot (Genèse 18). Il la montrera plus tard, au temps du prophète Jérémie. Le jeune homme n'est pas très rassuré à l'idée de devenir le porte-parole du Seigneur. Il se trouve trop vert. Sa réponse, c'est déjà une jérémiade : « Ah ! Seigneur mon Dieu ! Vois donc : je ne sais pas parler, je suis un enfant ! » Comme avec Moïse, Dieu doit insister : « Ne dis pas : “Je suis un enfant !” Tu iras vers tous ceux à qui je t'enverrai ; tout ce que je t'ordonnerai, tu le diras. Ne les crains pas, car je suis avec toi pour te délivrer » (Jérémie 1, 6-8).

Les prédécesseurs de Jérémie dans le métier de prophète n'étaient pas forcément mieux disposés. Amos se plaint quand le prêtre de Béthel le chasse du temple et lui demande d'aller répandre ailleurs ses prophéties de malheur. « Je n'étais pas prophète ni fils de prophète », lui rétorque-t-il ; « j'étais bouvier, et je soignais les figuiers. Mais le Seigneur m'a saisi quand j'étais derrière le troupeau, et c'est lui qui m'a dit : "Va, tu seras prophète pour mon peuple Israël" » (Amos 7, 14). Entendre ce paysan faire l'oracle dans un sanctuaire royal, ça devait faire tache...

Même le grand Isaïe n'est pas fier quand, en présence du Dieu trois fois saint et de ses anges, il mesure l'abîme qu'il y a entre la majesté divine et le péché des hommes : « Malheur à moi ! je suis perdu, car je suis un homme aux lèvres impures, j'habite au milieu d'un peuple aux lèvres impures » (Isaïe 6, 5). Dès lors, c'est le dépit qui risque de prendre le dessus, comme dans le livre de Qohéleth...

Et que dire de Jonas, qui pousse le bouchon jusqu'à s'enfuir loin de la face de Dieu pour ne pas accomplir sa mission ? Jeté à la mer, il séjourne, tel Pinocchio, dans le ventre d'un gros poisson pendant trois jours. Recraché finalement sur la berge, il se retrouve malgré lui à Ninive et finit par s'acquitter de sa tâche. Mais au lieu de se réjouir de voir que la Parole de Dieu a porté du fruit en amenant les Ninivites à la conversion, Jonas est amer :

« Seigneur, prends ma vie, mieux vaut pour moi mourir que vivre » (Jonas 4, 3). Cette plainte rappelle mot pour mot celle d'un autre prophète, Élie, qui fuyait jadis la colère de la reine Jézabel. Dans sa fuite, Élie avait fini par perdre courage, comme tant de fois les Hébreux dans le désert au temps de Moïse ; lui aussi « souhaite mourir » (1 Rois 19, 4).

Demandes de garanties, hésitations, plaintes, dérobades et découragement... Qu'on est loin du « Me voici ! » réjouissant, plein de fraîcheur et de spontanéité, qu'ont prononcé Abraham et d'autres amis de Dieu : Samuel, la Vierge Marie, Ananie... Qu'on est loin, surtout, du « Voici, je viens ! » du psaume (39, 8), que l'auteur de l'Épître aux Hébreux attribue au Christ : dans le sein du Père, le Fils de Dieu ne s'est pas dérobé à sa mission ; il l'accepte de grand cœur et épouse notre chair (voir Hébreux 10, 5-7).

Pataquès pétriniens

Là germe l'idéal de « l'obéissance de la foi », comme l'appelle la Tradition de l'Église : cette disposition des bienheureux à accueillir la Parole de Dieu, à l'écouter, à lui faire confiance et à la mettre en pratique.

Mais c'est un idéal ! Et cet idéal, par définition, n'est pas la réalité vécue avec aisance par la plupart de ceux qui entendent l'appel de Dieu. Par exemple, il faut que le Seigneur hèle trois fois le petit Samuel dans le sanctuaire de Silo pour que le prêtre Éli, qui y gardait à l'époque l'arche d'alliance, comprenne que l'enfant n'a pas rêvé et que la situation est sérieuse (1 Samuel 3).

Qu'on se souvienne aussi de la première réaction de Pierre à l'appel de Jésus. Le Christ monte dans la petite barque de ce pêcheur et lui demande de s'éloigner de la berge pour annoncer l'Évangile aux nombreuses personnes venues se masser au bord du lac de Tibériade. Jésus invite ensuite Pierre à jeter les filets ; à la vue de la quantité miraculeuse de poissons attrapés, Pierre est tétanisé : « Éloigne-toi de moi, Seigneur, car je suis un homme pécheur » (Luc 5, 8). Ce à quoi Jésus répond que, dorénavant, Pierre ne pêchera plus des poissons, mais des hommes.

L'Apôtre, heureusement, se rattrape à Césarée, en confessant le premier la messianité de Jésus

(Matthieu 16, 16). Mais il se fait rabrouer très peu de temps après ce coup d'éclat parce que, ne comprenant rien au dessein de Dieu, il tente de convaincre son Maître de ne pas souffrir sa Passion. « Passe derrière moi, Satan », lui rétorque sévèrement le Christ, « tes pensées ne sont pas celles de Dieu » (Matthieu 16, 23).

Humaines, trop humaines, les pensées de Pierre... comme le sont aussi ses paroles et ses actes. Le futur chef du collège apostolique perd littéralement pied quand Jésus, marchant sur l'eau, l'appelle à le rejoindre sur la mer (Matthieu 14). La scène est pathétique ; elle annonce le naufrage prochain de la foi de Pierre et son triple reniement dans la nuit suivant l'arrestation de son maître.

Même après la Pentecôte, Pierre garde ce petit côté couard si rassurant pour les hommes d'Église ! Dans l'affaire dite « d'Antioche » (Actes 15), pour ne pas perdre la face devant ses collègues juifs, il refuse de s'attabler avec les païens, avec lesquels il frayait pourtant avant l'arrivée de Jacques et de la délégation de Jérusalem. C'était risquer de laisser penser que la pratique de la loi de Moïse comptait dans l'acquisition du salut et mettre ainsi dans l'embarras les païens venus à la foi. La scène nous est connue par Paul, qui raconte comment il tint tête à Pierre pour le désavouer publiquement (Galates 2).

Sans doute sont-ce toutes ces bourdes qui expliquent la tradition du *Quo vadis* ? On raconte qu'à Rome, sentant la persécution venir, le vieux Pierre n'eut pas le courage de demeurer dans la ville et essaya de s'enfuir. À la porte de la cité, il rencontre Jésus et lui demande : « Où vas-tu, Seigneur ? » *(Quo vadis Domine ?)*. Le Christ lui répond : « À Rome, pour être de nouveau crucifié. » Pierre comprend le message. Il a honte et retourne en ville affronter la cruauté de Néron.

Que saint Pierre soit vivement remercié, en tout cas, pour de si piteux exemples ! Ces pataquès pétriniens servent d'encouragement à tous ceux que le Maître, depuis deux mille ans, a recrutés à la suite des Apôtres et qui ne s'en sortent pas toujours mieux que Pierre dans l'art de témoigner de leur foi. Puissent aussi ces faiblesses revenir à l'esprit de tous ceux qui sont continuellement déçus par les successeurs de Pierre et, plus généralement, par les pasteurs de l'Église. Le pêcheur de Galilée peut bien être décevant : cela le rend proche de tant de témoins du Christ qui n'ont pas

(pas encore ?) le courage du martyre, pas même celui de la mission, mais sur qui Jésus compte toujours.

Vases d'argile pauliniens

La Bible, donc, ne contourne pas l'obstacle que représente la mise en scène embarrassante de ces hérauts de la Parole à la parole si peu héroïque. Au contraire, elle la répète à l'envi.

Pourquoi, sinon pour nous instruire ? Il y a dans cette déclinaison quelque chose d'éclairant et de rassurant pour les handicapés du « Oui » que nous sommes. Nous ressemblons à ces pharisiens qui, au lieu d'accueillir l'enseignement de Jésus, demandaient : « Maître, nous voudrions voir un signe » (Matthieu 12, 38-42) – c'est toujours la même chanson à l'époque de Paul (1 Corinthiens 1, 22) !

Nous sommes comme Gédéon : nous voulons un signe… pour confirmer un signe précédent… lequel en confirmait déjà un autre… et ainsi de suite. Comme nous peinons à croire ! Mais découvrir que nous ne sommes pas les premiers à bégayer dans la foi et que de grands saints sont passés par là – songeons que Marie elle-même a posé des questions à l'ange Gabriel, à Nazareth, puis au jeune Jésus, au moment de sa fugue à Jérusalem –, voilà qui est très instructif.

C'est l'Apôtre des païens, Paul, qui nous donne la clef de lecture la plus utile pour déchiffrer ce phénomène. Paul, lui non plus, n'était pas doué pour la parole. Il l'avoue sans complexe dans ses lettres aux Corinthiens :. « Je ne vaux pas grand-chose pour les discours… » (2 Corinthiens 11, 6). Pâle orateur, il n'est pas venu dans les Églises pour se pavaner « avec le prestige du langage ou de la sagesse » (1 Corinthiens 2, 1). Cette incompétence, il s'en réjouirait presque, parce qu'elle permet à ses auditeurs de s'attacher à la Parole de Dieu plus qu'à ses porte-parole. Ceux-ci passent, celle-là demeure. L'intérêt, c'est que leur foi « repose non pas sur la sagesse des hommes, mais sur la puissance de Dieu » (1 Corinthiens 2, 5) : celle qui s'est manifestée sur la croix de Jésus.

Dans ce ministère sans panache – il se considérait lui-même comme « le plus petit des Apôtres » et comme un « avorton » (1 Corinthiens 15, 9-10) –, Paul discerne comme « un trésor porté dans des vases d'argile ». Il explique : « Ainsi, on voit bien que cette puissance extraordinaire appartient à Dieu et ne vient pas de nous » (2 Corinthiens 4, 7). Ce trésor, c'est la lumière de la foi que Dieu a fait resplendir dans les cœurs des Apôtres pour qu'ils la communiquent ensuite à tous les hommes. Comme l'écrit saint Thomas d'Aquin dans sa *Somme de théologie*, « il est plus beau d'éclairer que de briller seulement ». C'est le risque de tout prédicateur : vouloir prendre la lumière, au détriment de la seule lumière à communiquer, celle de la Parole de Dieu.

De toute manière, Paul aurait eu mauvaise grâce de faire le malin. Formé dans la tradition pharisienne la plus pure, ce maniaque de l'observance religieuse avait jadis persécuté l'Église, allant jusqu'à cautionner la lapidation d'Étienne (Actes 7, 57 ; 8, 1). Quand Jésus lui apparaît sur le chemin de Damas, où il se rend pour éradiquer la communauté chrétienne, le Seigneur dit à Paul : « Je suis Jésus, *que tu persécutes* » (Actes 9, 5). Blâme *ad hominem* ! Encore une fois, le début de la carrière de ce témoin n'est pas à son avantage. La suite de son cheminement ne sera pas sans aspérité non plus. Paul garde le sentiment de son indignité.

Il va jusqu'à avouer qu'il porte une mystérieuse « écharde » dans sa chair (2 Corinthiens 12, 7), une faiblesse permise par Dieu (mais laquelle ?) qui présente l'intérêt de le ramener sur terre au cas où le titillerait la tentation de se vanter de sa vocation, de ses charismes et de ses révélations exceptionnelles.

Le vase d'argile est fêlé, et c'est heureux. « Ma grâce te suffit », lui dit le Seigneur quand Paul lui demande de retirer cette fragilité humiliante. « Ma puissance donne toute sa mesure dans la faiblesse » (2 Corinthiens 12, 9).

On comprend, dès lors, pourquoi le Ciel a une préférence pour les petits et les humbles. La Mère de Jésus, quand Dieu l'a envoyée à Lourdes afin d'encourager les chrétiens du XIXe siècle à persévérer dans la foi, ne s'y est pas prise autrement. En choisissant une confidente quasi analphabète – Bernadette n'était guère allée à l'école, elle n'avait pas même suivi le catéchisme et fait sa première communion –, nul risque que la messagère fasse de l'ombre au message.

Ainsi, lorsque la fille Soubirous livre au curé du bourg le nom que la Dame de la grotte a enfin daigné prononcer, le 25 mars 1858, ce dernier sait immédiatement que la gamine ne peut pas simuler. « L'Immaculée Conception » est un dogme qui vient d'être promulgué quatre ans plus tôt et auquel le *vulgum pecus*, à l'époque, ne comprend sans doute pas grand-chose. Quant à Bernadette, inutile de souligner qu'elle ne devait pas même connaître ces deux mots énigmatiques que *Aquero* (« Quelque chose »), comme elle l'appelait jusqu'alors, lui avait confiés. Comme un bijou, de fait, elle les avait serrés dans sa mémoire en les répétant pendant tout le trajet de peur de les oublier.

Les « erreurs de casting » sont donc monnaie courante dans le plan de Dieu. Mais ce sont des erreurs bien calculées. Le divin « DRH » a de la suite dans les idées quand il recrute parmi les terriens.

La force des agapanthes

Offrons-nous donc le loisir d'une lecture *terre à terre* de l'histoire du salut, en prenant le risque de piétiner dans la poussière de la médiocrité humaine, voire de nous enfoncer dans le bourbier des passions plus opaques. En tout cas, n'évacuons pas d'entrée de jeu la minéralité de notre pâte humaine.

Après tout, quand on lit la Bible, « ça sent bon la campagne » : la vigne et le froment, l'huile d'olive, les lys des champs – mais aussi les odeurs de la ferme ! Amos ne craint pas de traiter les femmes de son temps de « vaches » indolentes (Amos 4, 1). Salomon complimente la bien-aimée du Cantique des cantiques en comparant ses jolies dents à « un troupeau de brebis » (Cantique 4, 2 et 6, 6). Quant à Daniel, exilé loin de Jérusalem et de son sanctuaire, il offre à Dieu un cœur contrit, à défaut de pouvoir offrir les « agneaux gras par milliers » que l'on fait frire au Temple (Daniel 3, 40).

Nul n'ignore ce que ces images doivent aux conventions de la poésie antique et orientale. Il n'empêche. C'est bien « au pâturage, derrière le troupeau » (2 Samuel 7, 8) que Dieu est allé chercher David pour faire de lui le roi d'Israël. Son prédécesseur Saül courait les ânesses de son père quand le prophète Samuel est venu à sa rencontre, dans le même but politique (1 Samuel 9). Avec le prophète Amos, « l'un des éleveurs de troupeaux à Teqoa » (Amos 1, 1), même scénario, mais version bovine (Amos 7). Le prophète Élisée, quant à lui, est en train de labourer son champ avec ses bœufs lorsqu'Élie vient le recruter (1 Rois 19). Difficile, en parcourant la Sainte Écriture, de ne pas avoir l'impression de pénétrer au sein d'un univers qui fleure bon l'humus.

Humus... C'est justement de ce petit mot latin que dérive l'*humilité*, substrat de toutes les vertus. Dans son *Magnificat*, la Vierge Marie exalte le Seigneur parce qu'il s'est penché sur « son *humble* servante » (Luc 1, 48). Le grec de saint Luc dit plus crûment « sur l'*abaissement* – voire la *bassesse* – de sa servante ». Marie au plus près du sol ! Marie elle-même très *terre à terre*, comme lorsqu'elle demande à l'ange comment elle pourrait bien faire un bébé toute seule... et Dieu qui se penche sur elle avec tendresse, comme pour cueillir la plus belle fleur jamais sortie du plancher des vaches !

Les fleurs ont du tonus, un tonus qu'on ne soupçonne pas. On voit dans certains jardins des terrasses défoncées. Que s'est-il passé pour que le bois imputrescible, réputé si robuste, soit ainsi soulevé ? Un glissement de terrain ? Non, ici par exemple, c'est un massif d'agapanthes qui, lentement, a soulevé et courbé les planches. Les *agapanthes*, étymologiquement, sont les « fleurs » *(anthes)* de l'« amour » *(agapè)*... C'est fou ce que peut faire l'amour enfoui dans la terre ! Joint à la foi, il soulève les montagnes (Marc 11, 23). L'histoire bimillénaire de l'Église le montre : elle est lente, mais efficace, la force tranquille qui accompagne l'élévation des humbles.

L'art d'être terrien

Dieu « élève les humbles » (Luc 1, 52), quand bien même ils seraient couchés dans la poussière. Comme le proclame le psalmiste : « De la poussière il relève le faible, il retire le pauvre de la cendre, pour qu'il siège parmi les princes, parmi les princes de son peuple » (Psaume 112, 7-8). Et le poète poursuit : « Il installe en sa maison la femme stérile, heureuse mère au milieu de ses fils. »

C'est l'expérience qu'a faite Anne, la mère de Samuel. Méprisée en raison de sa stérilité, elle a crié vers Dieu, et le Seigneur s'est penché vers elle

– « il s'est penché vers moi pour entendre mon cri » (Psaume 39, 2). À cette femme délaissée, Dieu a fait la grâce insigne de mettre au monde le prophète qui allait recruter les deux premiers rois d'Israël, Saül et David. À son tour, elle remercie Dieu dans les mêmes termes que ceux du psalmiste : « De la poussière, il relève le faible, il retire le malheureux de la cendre pour qu'il siège parmi les princes, et reçoive un trône de gloire » (1 Samuel 2, 8) – des termes qui inspireront à l'évidence la Vierge Marie.

Si l'« auguste Reine des anges », comme l'appelle la dévotion, est présentée d'une façon si rustique par le langage des évangiles, qu'y a-t-il de choquant dans la proposition d'une méditation de l'Écriture au ras des pâquerettes ? Jésus, dans la parabole du semeur, compare les « cœurs nobles et généreux » à une « bonne terre » où peut germer et s'enraciner la Parole de Dieu. Et quel cœur correspond le mieux à cette définition, sinon celui de la « Toute-Sainte », où étaient recueillis, comme des graines, les échos de la Parole de Dieu dans tous les événements de sa vie (Luc 2, 19.51) ?

Tout terre à terre qu'il puisse être, le personnel de l'Écriture a un secret à nous apprendre : l'art d'être terrien. Son attitude souvent gauche, ne serait-ce qu'au point de départ, n'a pas découragé Dieu, tout à la fois patient potier et bon jardinier. Hésitations, chutes et rechutes, égarements, voire retours en arrière : rien de tout cela n'a amené le Créateur à remballer son dessein bienveillant.

On touche ici le fond ! Le fond... de la vie chrétienne, la vraie. Pas celle, fantasmée, qu'on rêverait d'avoir et qui, par définition, n'existe pas. Mais celle qu'il nous arrive de regarder en face avec réalisme, comme lorsque nous relisons notre vie sous le regard de Dieu, à l'occasion d'un pèlerinage ou d'une retraite, au confessionnal, à l'église ou, tout simplement, à la maison.

Et si, quand nous cherchons à nous réconcilier avec Dieu et avec l'Église, nous en profitions pour nous réconcilier aussi avec nous-mêmes ? Avec notre histoire ? Avec notre pâte humaine ?

Nous goûterons alors la joie immense de nous savoir aimés jusqu'aux talons de notre être par la Main même qui nous a faits. Le Christ n'est-il pas allé jusqu'à laver les pieds de ses disciples (Jean 13) ? Nous serons ainsi plus confiants, à l'aise dans nos chaussures de pécheurs pardonnés :

« le Seigneur m'a fait reprendre pied sur le roc, il a raffermi mes pas » (Psaume 39, 3). Comme le paralytique de Bethzatha (Jean 5), rendu soudain capable de marcher et de prendre son grabat, nous pourrons nous relever de nos effondrements et porter notre histoire, au lieu de la laisser nous écraser.

L'Église ne manque pas d'éclopés. Qui ne l'est pas, du reste, dans tel ou tel domaine de sa vie ? Mais l'Église ne manque pas non plus de béquilles, ni de fauteuils roulants. C'est la sagesse que d'apprendre à vivre avec des handicaps qu'on n'arrive pas (ou pas encore) à guérir. Comment ? En trouvant les bons points d'appui !

Quand on se casse une jambe, on va aux urgences et on laisse le personnel médical aviser ; on ne va pas voir Monsieur le curé. Dans notre psychisme aussi, il arrive que les accidents de la vie provoquent des fractures. Or on ne soigne pas toutes les blessures intérieures à coups de chapelet. Certes, pour avancer sur le chemin du salut, l'Église nous invite à prendre les « moyens surnaturels » : la prière, la lecture méditative des Écritures, les œuvres de miséricorde, les sacrements (notamment la confession, la messe et

– pourquoi pas ? – l'onction des malades). Mais il y a aussi les « moyens naturels », et nous les négligeons trop souvent : consulter un thérapeute approprié, soigner son hygiène de vie (manger sainement, dormir suffisamment, exercer une activité sportive), pratiquer des loisirs créatifs et récréatifs, savoir faire la fête (!) et – « *last but not least* » ! –, cultiver sa vie affective, ne serait-ce qu'en donnant plus de place à l'amitié.

L'art d'être chrétien n'exclut pas l'art d'être terrien.

La pâte des bons à rien

Les bons à rien sont plutôt bonne pâte. C'est ce qui les rend si attachants, malgré tant de défauts.

Car elle est bonne, la pâte humaine ! Cela, la Bible nous l'enseigne dès les premières pages. Rien à faire, pourtant. La plupart d'entre nous, instinctivement, doutons de cette bonté originelle. Même les personnes qui ont une grande foi. C'est que, cette pâte, un jour ou l'autre nous la trouvons trop lourde.

Cette pâte minérale est la matière première de notre humanité, et, partant, l'étoffe commune de tous les bons à rien. Dieu ne la voit pas comme nous. Tel le souffleur de verre, il la travaille dans la fournaise étincelante de son amour. Il l'aime, lui, et il continue de l'aimer, envers et contre tout. Envers et contre nous.

Cette pâte en fusion, Dieu la reprend inlassablement, dans l'espoir qu'elle ne se fige pas avant d'avoir atteint la forme et l'éclat qu'il a toujours voulu lui donner. Ce dessein a commencé en Adam, le premier terrien.

Adam, le premier terrien

L'ancêtre de tous les bons à rien, c'est Adam. « Adam notre père », comme on le nomme parfois dans la liturgie. Ou encore, Adam le premier « modelé » (Genèse 2, 7), pour reprendre le vocabulaire de la Genèse à la manière de ces premiers théologiens qu'on appelle les « Pères de l'Église ».

D'après le début de la Bible, c'est de lui – et d'Ève, sa femme, « la mère de tous les vivants », tirée de son côté ouvert sous anesthésie générale – que nous tenons cette pâte qui, à présent, nous paraît si lourde.

Pour être tout à fait exact, la glaise dont nous sommes pétris, c'est de Dieu que nous la tenons. Dans les deux premiers chapitres de la Genèse, il nous est raconté comment, « au commencement » (1, 1), Dieu mit la main à la pâte. Tel un enfant déployant sa créativité dans un bac à sable aux dimensions cosmiques, Dieu façonne en six jours tout ce qui existe. Au terme de cette première semaine – on garde le meilleur pour la fin ! –, il se sert de la terre comme d'une pâte à modeler et y sculpte les traits de l'homme et de la femme. Dieu imprime sur leur visage « son image et sa ressemblance » (Genèse 1, 26), faisant d'eux les miroirs terrestres de son inexprimable beauté.

Que cette pâte nous soit devenue lourde, en revanche, cela ne vient pas de Dieu. Mais de qui, alors ? Eh bien, de l'être humain lui-même ! Qu'il s'agisse d'Adam, le premier « modelé », ou de sa descendance. C'est l'une des explications possibles, en effet : on peut traduire le mot hébreu « Adam » par « l'homme », et considérer ainsi que ce nom enveloppe toute l'humanité.

C'est donc « l'homme », quoi qu'il en soit, qui est pour lui-même la cause de ce manque de souplesse dans l'art d'être terrien. Dieu n'y est pour rien. Voilà du moins ce que nous enseigne le récit de la Création.

Cette antériorité absolue d'une bonté rayonnante, c'est l'enseignement qu'on trouvera chez les Pères de l'Église, quelques années seulement après la disparition de la génération des Apôtres. L'Écriture mentionne bien des « ténèbres éternelles », c'est vrai. Mais est-ce la faute de la lumière, demandent les Pères, s'il y a de l'obscurité ? Quand une pièce de la maison est plongée dans le noir, ce n'est pas parce que la lumière du soleil ne brille pas – comment pourrait-elle ne pas briller, puisque c'est la nature même de son être ? Non, c'est seulement parce que les volets sont fermés. Il suffirait de les ouvrir un peu pour que, instantanément, la pièce soit illuminée et réchauffée. Le problème, c'est que l'homme pécheur peut délibérément vouloir vivre dans le noir. Longtemps, et peut-être même pour l'éternité.

Le malentendu originel

De là un grave malentendu, qui traverse toute la foi chrétienne. Un imbroglio qu'il nous faut démêler pour mieux cerner les tares de ces balourds auxquels Dieu, malgré tout, reste irrésistiblement attaché.

Notre vie terrestre – notre existence *dans la chair* – est un don merveilleux dont Dieu est la source. Mais cette impression d'avoir des pieds de plomb dès qu'il s'agit de nous approcher de lui, cette résistance instinctive que nous ressentons quand il nous offre son amitié, ce manque d'allant qui nous entrave lorsqu'il nous invite à partager sa gloire, cela ne fait pas partie du don.

Cette perte d'aisance dans l'art d'être terrien, c'est ce que les théologiens ont appelé « le péché originel » : l'un des points les plus obscurs de notre foi. Mais quoi qu'on mette derrière la catastrophe racontée dans les premières pages de la Bible, la leçon tirée de ce récit est d'abord celle-ci : Dieu n'est pas l'auteur du mal ; tout ce qu'il a créé surgit de sa bonté et la reflète comme un diamant aux mille feux. De ce joyau, notre nature humaine est la plus jolie facette. Et bonne, elle le reste fondamentalement, malgré le sentiment contraire qui nous pèse depuis le péché d'Adam.

L'ennui, c'est que, très tôt, on a confondu les deux plans : la pâte (objective), qui est bonne, et sa lourdeur (subjective), qui ne l'est pas. Dès le début du christianisme, certains commentateurs ont pensé que c'était la pâte elle-même qui posait un problème. À Alexandrie, par exemple, la tendance a été de lire le récit de la création de l'homme en deux temps. D'abord, Dieu aurait créé l'homme pur esprit, faisant de lui une sorte de cousin des anges, dans un lieu supra-céleste totalement immatériel. Puisque « Dieu est esprit », comme l'enseignera Jésus à la Samaritaine, on pouvait bien comprendre le fameux « à son image et à sa ressemblance » du premier chapitre de la Genèse dans ce sens (1, 26). Et puis, l'homme ayant péché, Dieu l'aurait laissé tomber dans la matière, le livrant au poids de ses propres passions. Interprétation très concrète de « la chute », s'il en est... C'est ce qui serait raconté dans le deuxième chapitre, là où l'auteur inspiré explique que Dieu façonne Adam avec le limon de la terre (Genèse 2, 7).

Dans cette même ligne, on a parfois compris que les « tuniques de peau » que Dieu confectionne pour habiller la nudité d'Adam et Ève après leur péché n'étaient pas autre chose que le corps terrestre revêtu par l'âme spirituelle après la chute (Genèse 3, 21). Un uniforme de prisonnier, en quelque sorte ! Là encore, c'était faire du corps un boulet destiné à rester un jour au vestiaire, une fois la peine purgée.

Suivant ces interprétations, notre condition terrestre, et plus concrètement notre corps, serait donc un véritable pensum : une conséquence du péché, en même temps qu'une occasion de faire pénitence pour mériter de revenir dans cette stratosphère spirituelle dont nous serions jadis tombés.

De là à penser que le but de la vie terrestre serait de mourir, il n'y a qu'un pas ! Et il suffit d'être attentif à certains accents mortifères du christianisme pour le franchir. Un converti de fraîche date a confié ainsi à un prêtre, après lui avoir raconté sa vie compliquée et son retour à la foi de son enfance : « Au fond, la plus belle chose qui aurait pu m'arriver aurait été de mourir le jour de mon baptême. » Quel programme ! Aller au Ciel aurait-il donc pour corollaire le fait de ne pas risquer de grandir, d'aimer, de poser des actes libres ? Bref, de ne pas avoir d'histoire sur la terre ? Le prêtre ne put s'empêcher d'être frappé par la correspondance entre cette conception si pauvre de la vie baptismale et cette impression d'avoir affaire à quelqu'un de « mal *dans sa peau* ». Les personnes qui tiennent ce genre de discours, que font-elles de leur corps ?

Rien de tel quand le bienheureux Pier Giorgio Frassati dit : « Le jour de ma mort sera le plus beau jour de ma vie. » Le jeune homme, mort en 1925 à l'âge de 24 ans, était rayonnant de vie : les photographies de l'époque l'attestent. Il aimait le sport, les sorties, les amis… Le pape Jean-Paul II a fait de ce mordu d'escalade le saint patron des sportifs et des « JMJ » ! *Verso l'alto* (« vers le haut »), comme il l'avait écrit sur l'un des clichés où on le voit grimper à la paroi d'une montagne italienne. Charmant écho de l'audacieux *Duc in altum*, « Avance au large », que Jésus adresse à Pierre au seuil de la pêche miraculeuse (Luc 5, 4). Pier Giorgio ratifie par sa vie la formule de saint François de Sales : « Un saint triste est un triste saint ! » Nul doute que pour un modèle de joie de vivre tel que lui, achever sa course ici-bas ne signifiait pas éteindre la vie, mais la porter à son éclat plénier et définitif dans l'amitié divine. Cela, il l'avait entrevu dans la foi. Il savait que ce « jour de sa naissance » au Ciel – son *dies natalis*, comme on dit encore pour parler du jour de la mort d'un saint, en plaçant du même coup toute la vie terrestre sous le signe d'une heureuse gestation – serait celui de la floraison dans la lumière d'une vie déjà gorgée de sève sur la terre : le passage d'un bourgeon déjà mûr à la fleur qu'il promet.

Le rapport de la vie terrestre à la vie du Ciel n'est pas celui d'un mal à un bien, mais d'un bien à un mieux. La vie éternelle est déjà commencée, dès lors que nous sommes morts et ressuscités avec le Christ par le baptême.

Reste que cette tonalité carillonnante, malheureusement, n'est plus dans les oreilles de nos contemporains. La joie d'exister, de respirer, de se vêtir, de se nourrir, de s'aimer, de communiquer la vie, de s'épanouir dans un corps sain en communion avec la nature et son Créateur... Le bonheur d'être libre ! Ce n'est pas cette petite musique à la Frassati – gai comme un pinson, le jeune homme chantait tout le temps, paraît-il – qu'entendent la plupart de nos contemporains quand ils pensent au christianisme.

Le « salut des âmes » ?

Il faut dire qu'à force de parler du « salut des âmes », de la « vallée de larmes » où elles ont été « exilées », ou de l'attente de leur « retour à Dieu » dans la « céleste patrie », on risque de forger une conception pas très catholique du christianisme.

On sent bien ce que cette vision pessimiste de la vie terrestre doit à de vieux schémas philosophiques. Le platonisme des Grecs n'y est pas pour rien. « Tous les trafiquants d'hérésies se fournissent à l'épicerie de Platon », dit une (trop) méchante boutade de théologien. En réalité, ces schémas archaïques, qui font voler en éclats l'unité harmonieuse de l'âme et du corps telle que la Bible et les Pères l'ont pressentie, précèdent et dépassent l'élève de Socrate.

La communauté chrétienne n'est pas restée indemne de cette conception, parce qu'elle ne s'est pas développée en apesanteur des cultures où elle a plongé ses racines. Ne lit-on pas déjà dans le Livre de la Sagesse (le plus « grec », sans doute, de tous les livres de l'Ancien Testament) : « Un corps corruptible appesantit l'âme, et cette tente d'argile alourdit l'esprit » (9, 15) ? Et saint Paul ne donne-t-il pas parfois l'impression de verser dans cette opposition navrante entre l'âme et le corps de chair, responsable de tant de dérapages ? Mais, conduits par l'Esprit Saint, les croyants ont su résister aux sirènes de cette interprétation trop humaine et rester fidèles aux vérités révélées par Jésus et transmises par les Apôtres. Si bien qu'aujourd'hui encore, devant des auditoires pourtant perplexes et parfois ahuris, nous prêchons allègrement « la résurrection de la chair », article du *Credo* beaucoup plus généreux que le pingre « salut des âmes ».

Il eût été tellement plus facile, pourtant, d'annoncer un salut *sans la chair*. Paul en avait déjà fait l'expérience devant les sages de l'Aréopage, à Athènes : ces bons Grecs veulent bien causer religion et, tant que l'Apôtre leur parle de leurs dieux et du sien, tout va bien ; mais dès qu'il en vient à la résurrection de Jésus, plus personne ne l'écoute. « Un corps après la mort ? Vous n'y pensez pas ! »

L'Église ne peut pas annoncer autre chose que ce que les Apôtres ont vu, entendu, touché au contact de Jésus. Comment pourrait-elle faire autrement ? Ce serait nier Noël et Pâques, les deux grands mystères qui sont au cœur de sa prédication et de ses célébrations liturgiques. Notre humanité, Dieu l'a tellement aimée qu'il l'a épousée dans le sein de Marie. En Jésus, son Verbe s'est fait chair : c'est le mystère de l'*Incarnation*. Et Jésus, mort sur la croix, n'a pas laissé sa chair au tombeau. Cette même chair, Dieu l'a restaurée et l'a compénétrée de sa gloire.

Cette chair plus vivante et vivifiante que jamais, enfin, c'est celle-là même que Jésus nous donne mystérieusement en nourriture sous le signe du pain, dans l'eucharistie. Dans l'Église, donc, tout gravite autour du « Corps du Christ ». Difficile, dès lors, de brader la très haute dignité du corps humain et sa vocation à la gloire. Comme l'écrivit Tertullien, un brillant orateur de Carthage converti au christianisme vers la fin du IIe siècle, *caro salutis est cardo* : la chair est *le pivot*, *l'axe*, *le point cardinal* du salut. Ce serait donc faire fausse route que d'annoncer un salut à côté de la chair.

La condition humaine, telle que nous l'éprouvons sur la terre, est bien lourde, c'est sûr. Mais un peu de levain suffit à faire lever toute la pâte ! Jésus nous l'a dit. Il nous a même laissé entrevoir la portée de cette image : dans sa chair transfigurée au Thabor et ressuscitée à deux pas du Golgotha.

Dans la chair de Marie, également, la germination des ferments divins a eu raison de la tombe, puisque son corps, à son tour, a été rendu participant de la gloire de Dieu, comme nous le fêtons tous les 15 août. Dans la Résurrection de Jésus, l'Église adore le prototype de ce que nous serons au terme de l'histoire ; dans l'Assomption de Marie, elle admire l'anticipation de cette réalisation à venir.

En fait, comme le dit le Symbole de Nicée-Constantinople que nous récitons le dimanche à la messe, l'ambition que Dieu a « pour nous, les hommes et pour notre salut » va tellement au-delà de ce que nous pourrions imaginer que nous n'osons pas même y croire. « Ce que nous proclamons », affirmait déjà saint Paul, « c'est ce que le cœur de l'homme n'avait pas imaginé » (1 Corinthiens 2, 9). La vie éternelle nous fait peur. Fabrice Hadjadj le souligne à juste titre dans plusieurs de ses livres. Alors, pour rendre la Révélation crédible, nous ratiboisons, nous rabotons. Nous la rapetissons pour qu'elle s'adapte à notre ambition lilliputienne. Une ambition conditionnée par ce que nous sommes ici-bas. Les rêves (ou les cauchemars !) de jeunesse éternelle, c'est dans les contes de fées (ou les films d'épouvante !). La vie quotidienne, plus prosaïque, nous éprouve tellement, un jour ou l'autre, qu'un salut loin d'ici nous ira comme un gant. Loin de ce monde, et, surtout, loin de ce corps soumis à la maladie, au vieillissement et à la mort.

Paradoxalement, en désirant le seul « salut des âmes », suivant l'expression fâcheuse consacrée par la Tradition de l'Église, nous préférons la survie à la vie. La vie à moitié : dans l'au-delà, mais aussi ici-bas, si l'on part du principe que ce corps, il faut passer son temps à l'exténuer. Jésus, lui, nous a assuré qu'il était venu pour que nous ayons la vie, « la vie en surabondance » (Jean 10, 10). Nous préférons vivre et mourir chenilles que devenir papillons. Oh ! la vilaine caricature du christianisme !

Corps de terre et corps de gloire

Les corps glorifiés de Jésus et de Marie, me direz-vous, nul n'en a l'évidence. Hormis peut-être quelques mystiques gratifiés de visions exceptionnelles. Mais ces choses-là ne sont pas la norme, même de la sainteté. Le mode ordinaire de l'amitié avec Dieu, c'est la foi ; autrement dit, l'écoute d'une parole venue de quelqu'un en qui on a *confiance*, même si on ne le voit pas.

Il arrive cependant que des signes jalonnent les chemins de ces « escargots de la foi » que nous sommes. Cette expression adorable vient d'une homélie du frère David Perrin sur les disciples d'Emmaüs, donnée au couvent des Dominicains de Bordeaux au printemps 2019. Comme ces gastéropodes, nos cœurs « lents à croire » (Luc 24, 25) bavent partout leur tristesse, tandis que nos petits yeux peureux peinent à s'écarquiller pour reconnaître le passage du Ressuscité dans nos vies.

Des traces de ce passage, de fait, il y en a, et d'étonnantes. Quand, par exemple, l'Église procède à la béatification d'un fidèle mort en odeur de sainteté, l'une des étapes, outre l'authentification d'un miracle, est l'exhumation du corps. Parfois, cette étape réserve des surprises. Le jeune Pier Giorgio, quand on ouvrit sa tombe, plus de cinquante ans après son décès, était frais comme un gardon ! On le retrouva « intact ». Un phénomène que, dans les premiers siècles de l'Église, on interprétait volontiers comme une preuve de sainteté. Aujourd'hui, pour certains fidèles gourmands de ces merveilles, c'est aussi une preuve de la résurrection à venir.

Une preuve ? L'Église est plus prudente. Elle sait qu'il existe des cas semblables en dehors des chrétiens canonisés. Elle sait aussi que même les corps des bienheureux dits « incorrompus » ne demeurent pas indéfiniment dans cet état. Innombrables sont les reliques de ce genre qui furent détruites pendant les guerres de Religion, au XVIe siècle, ou encore à la Révolution française, comme ce fut le cas pour celui de sainte Germaine de Pibrac. Le corps de saint Charbel Makhlouf, au Liban, a fini par se dissoudre tout seul, mais au terme d'une période de plus de soixante ans au cours de laquelle se sont produits les miracles voulus pour sa canonisation. Celui de Pier Giorgio Frassati n'est pas exposé. Et puis, il faut bien dire que le langage de la preuve, qui en impose à l'intelligence et finit par la faire plier, n'est pas vraiment celui de l'Évangile…

Une preuve, non. Un signe, en revanche, oui. Du moins, si l'on veut bien le recevoir comme tel. À travers ces prodiges, le monde de la résurrection ne nous fait-il pas signe ? Le Créateur ne nous invite-t-il pas à découvrir que les lois de la nature ne sont pas hors de sa main, et que même la matière de nos corps n'est pas un obstacle à la vie éternelle ? Nos corps tirés de la terre sont appelés à la gloire. C'est leur vocation ultime. Voilà ce que l'espérance chrétienne nous fait tenir.

Découvrir cette perspective sous la lumière de la foi en la résurrection devrait nous amener à interroger, le cas échéant, nos conceptions si pessimistes de l'ici-bas et si aériennes de l'au-delà.

Nos corps, comme ceux d'Adam et Ève, ne sont pas destinés à retomber en poussière, mais à participer à la vie divine. Sur ce point, la Bible est claire : « Dieu n'a pas fait la mort, il ne se réjouit pas de voir mourir les êtres vivants. Il a créé toutes choses pour qu'elles subsistent » (Sagesse 1, 13). Dieu, donc, ne laissera pas tomber dans la tombe nos corps pétris de terre, *a fortiori* ces corps qu'il a façonnés à son image et ressemblance. Confondre la dimension pécheresse avec la dimension charnelle ne correspond pas à une lecture chrétienne de la condition terrestre.

Il n'y a pas besoin d'être chrétien, du reste, pour croire au « salut des âmes ». Cela, la plupart des sagesses et des religions le perçoivent, et à juste titre d'ailleurs : la minéralité de nos corps n'épuise pas le fond de notre être. Mais qu'il y ait pour l'être humain un salut *intégral*, qui saisisse *tout* ce que chacun a été sur la terre, avec *toute son histoire*, faite d'ombres et de lumières, voilà une conséquence que la plupart d'entre nous parvenons difficilement à tirer de notre foi.

Nous pouvons le croire : il n'y a pas une once de l'être de Jésus et de Marie qui ait été abandonnée à la corruption du tombeau. Tout ce qu'il y a de *terrestre* en eux a été entraîné dans la gloire. Et ce mystère se reflète, comme en mode mineur, sur les visages paisibles de ces saints dont les corps résistent aux lois de la mort.

En mode mineur seulement, car ces corps ne sont pas encore « glorieux ». Mais le signe laissé par ces impressionnantes reliques peut être interprété comme une promesse d'éternité faite à la pâte humaine. Leur âme est déjà glorifiée au Ciel, et leur corps le sera aussi, quand l'humanité tout entière, à la fin de l'histoire, basculera définitivement dans la gloire de Dieu. La pâte, alors, aura fini de lever.

Une terre vierge et intacte

Il n'est pas banal que, parmi ces cas de « corps incorrompus », comme les appellent les spécialistes, on compte deux saintes françaises du XIXe siècle qui ont vu la Vierge Marie et dont les corps retrouvés dans cet état inexplicable de conservation le demeurent près de cent cinquante ans après leur mort.

A déjà été évoqué le corps de sainte Bernadette de Lourdes, exposé à Nevers ; il faut évoquer maintenant celui de sainte Catherine Labouré, exposé dans la chapelle de la rue du Bac, à Paris. C'est là que Catherine avait vu la Sainte Vierge les bras ouverts, les mains tournées vers la terre. Marie avait les pieds posés sur le globe terrestre, écrasant la tête du serpent entortillé autour de la planète. On aura reconnu la représentation de la « Médaille miraculeuse », tirée justement de cette apparition.

Les cas de Catherine et de Bernadette ont ceci de singulier que les deux voyantes ont contemplé le corps glorieux de Marie sous la lumière du mystère de sa conception immaculée. À Paris, Marie se présente comme celle qui a été « conçue sans péché » (1830) ; à Lourdes, sous le nom plus énigmatique de « l'Immaculée Conception » (1858). Voir l'Immaculée, en somme, ça conserve ! Soit. Mais n'y aurait-il pas un lien à tisser entre cet aspect du mystère de Marie et l'incorruptibilité ?

Le mystère de l'Immaculée Conception, défini comme vérité de foi par le pape Pie IX en 1854, signifie que dès qu'elle a commencé d'exister, autrement dit dès l'instant où elle a été conçue par ses parents, Marie a été préservée du péché. Il n'y a jamais eu chez elle cette pesanteur spirituelle qui plombe en chacun de nous l'alliance avec Dieu, que nous le voulions ou non. Nous sommes nés ainsi. « J'étais pécheur dès le sein de ma mère », dit le roi David dans le *Miserere* (Psaume 50, 7). Si nous sommes sauvés du péché, c'est par le Christ. Mais nous, nous le sommes « en aval », pour ainsi dire ; Marie l'a été « en amont », libérée du péché avant même d'être sous son emprise. Elle est « plus jeune que le péché », comme le disent de belles formules poétiques.

Cette grâce exceptionnelle était à la hauteur de la mission exceptionnelle de Marie dans le dessein de Dieu : devenir la Mère du Sauveur et ouvrir ainsi la porte au salut. Il s'agissait pour elle de pouvoir répondre à l'appel de Dieu avec une *liberté libérée*, une liberté pleine et entière, qui ne fût pas déjà faussée par le péché. Son « Oui » confiant à l'Annonciation engage ainsi toutes les ressources de son être. Par ce « Oui » entier

– son *fiat*, comme on l'appelle chez les théologiens –, Marie a dénoué le nœud qu'Ève avait noué par sa méfiance dans le jardin du Paradis, ainsi que l'a joliment écrit saint Irénée de Lyon à la fin du IIe siècle.

Ce dernier mettait aussi en parallèle la terre dont Adam avait été tiré – une « terre vierge » – et la terre vierge dont Dieu a fait sortir Jésus : le corps de Marie. Pour Irénée, il n'était pas vil, le limon des origines, mais fin et pur, comme l'est la chair de Marie aux yeux de la Tradition chrétienne.

Le mystère de l'Immaculée Conception nous ramène ainsi à la Genèse et au tout premier titre que les théologiens ont donné à Marie : celui de « Nouvelle Ève ». Mettre Marie en regard d'Ève, et lire le récit de l'Annonciation en miroir avec celui de la chute, c'est ce qu'avait déjà fait saint Justin à Rome, une trentaine d'années avant qu'Irénée ne reprenne cette idée dans ses écrits lyonnais. À l'Annonciation, remarque Justin, se rejoue la scène du Paradis, mais en symétrie inversée. Au commencement, Ève n'était pas pécheresse, mais « vierge et intacte ». C'est la parole mensongère de l'ange déchu, le Serpent, qui l'a conduite à douter de Dieu et à lui soustraire sa confiance. À Nazareth, au contraire, Marie, vierge elle aussi, accueille avec confiance la Parole de Dieu transmise par un ange bon, Gabriel, et donne sans retour son adhésion de foi.

Marie, comme Ève avant la chute, est pleinement en communion avec Dieu. Une première depuis les origines de l'humanité ! C'est pourquoi l'ange salue en elle la femme « comblée de grâce » (titre extraordinaire, si l'on en croit la réaction de Marie, qui en fut toute « bouleversée »). Et c'est aussi la raison pour laquelle Marie a pu rester toute sa vie comme arrimée à Jésus. Elle partage le statut unique de Jésus – il est l'immaculé par excellence : « il n'y a pas de péché en lui » (1 Jean 3, 5). Elle peut donc le suivre au plus près de son mystère pascal, se tenant fidèlement debout au pied de la croix, l'accompagnant dans la mort et participant d'ores et déjà à sa résurrection.

Jésus, « nouvel Adam », comme l'avait déjà appelé saint Paul ; Marie, « nouvelle Ève », comme l'a appelée Irénée à la suite de Justin. Un homme et une femme qui foulent une « terre nouvelle » (Isaïe 65, 17 ; Apocalypse 21, 1) et préfigurent ce que l'humanité tout entière est appelée à devenir au terme de l'histoire. Voilà qui nous ramène bien au projet de Dieu sur la glaise modelée aux origines.

Pas de « plan B » !

Ce projet, Dieu n'y a jamais renoncé. Les corps terrestres de Jésus et de Marie déjà transfigurés dans la gloire le signifient. Ils en sont les prémices. Ils nous assurent que la condition immaculée de notre glaise a beau avoir été perdue en Adam et Ève, elle est retrouvée en Jésus et en Marie. Et quand Dieu aura achevé en nous ce qu'il a commencé dans la glaise, nous nous tiendrons, nous aussi, « saints et immaculés devant lui, dans l'amour » (Éphésiens 1, 4).

Car tel est le plan de Dieu sur nous. C'est en vue de l'accomplissement de ce projet qu'il nous a tirés du néant et posés dans l'existence. « Il nous a choisis dans le Christ », explique saint Paul, « *avant la fondation du monde*, pour que nous soyons saints, immaculés devant lui, dans l'amour. *Il nous a prédestinés* à être, pour lui, des fils adoptifs par Jésus, le Christ. Ainsi l'a voulu sa bonté... » (Éphésiens 1, 4-5). Dieu ne s'est pas dit : « Créons l'homme et la femme, et puis nous verrons bien ce que ça donne », avant de se reprendre ensuite : « Bon, le résultat n'est pas fameux ; ils tombent en poussière depuis qu'ils se sont détournés de moi ; on va essayer de réparer cela. »

Le salut offert par la venue et la Pâque de Jésus n'est pas un « plan B » après le désastre d'Éden, encore moins une bouée de sauvetage jetée aux âmes pour qu'elles surnagent au-dessus du naufrage des corps. La résurrection glorieuse du Christ nous invite à contempler l'accomplissement du dessein que Dieu a commencé *dans la glaise* et qu'il achèvera *dans la gloire*. Cet accomplissement, le péché l'entrave peut-être ; il le contrarie sans doute ; mais il ne peut pas empêcher la bonté de Dieu de continuer à rayonner sur nous. L'Écriture nous l'assure : « Le plan du Seigneur demeure pour toujours ; les projets de son cœur subsistent d'âge en âge » (Psaume 32, 11).

Le prophète Isaïe enseigne aussi que Dieu est « immuable en son dessein » (Isaïe 26, 3). Cela ne signifie pas que les choses soient figées, ou que le destin de chacun soit arrêté contre son gré, comme dans la tragédie antique. Cela signifie que Dieu, à la manière d'un bon « GPS », ne cesse pas de nous indiquer la destination à suivre et de nous donner les moyens nécessaires pour l'atteindre.

Les concessions de Dieu

Dieu peut bien faire des concessions à l'homme sur les moyens, il n'en fait pas sur la fin. « Tu nous as faits pour toi Seigneur », dit saint Augustin, « et notre cœur est sans repos tant qu'il ne demeure en toi ».

C'est pour cette raison que rater la fin bienheureuse que Dieu nous offre en nous invitant à partager sa gloire serait un si grand désastre si, par hypothèse, ce refus se fixait dans l'éternité. Tant que nous sommes en chemin, cependant, Dieu compose avec notre liberté et adapte les moyens de salut à notre croissance.

D'après le livre des Nombres, par exemple, les Hébreux auraient dû entrer en Terre promise peu de temps après avoir quitté l'Égypte et traversé la mer Rouge. Mais, au moment de prendre possession du pays verdoyant promis jadis à Abraham, leur foi chancelle. La conquête de Canaan est trop risquée, ils préfèrent revenir en Égypte (14, 3) ! Que les Israélites se braquent une fois de plus, voilà qui montre qu'ils ne sont pas prêts à mettre leur confiance en Dieu et à passer de la servitude à une vie d'homme libre en communion avec lui. Cette obstination leur vaudra d'errer pendant quarante ans dans le désert, le temps d'une régénération complète du peuple.

La génération qui avait vu les miracles du Seigneur contre Pharaon et ses armées, ainsi que sa sollicitude au désert à travers la manne et les cailles, n'était pas mûre pour la vie d'enfant de Dieu. Il faudra comme une nouvelle gestation – quarante, c'est le chiffre symbolique d'une grossesse : l'enfant passe quarante semaines environ dans le sein de sa mère – pour que le peuple naisse à son identité prometteuse et emblématique, celle d'une humanité libérée et adoptée par Dieu.

Dieu n'avait pas l'intention, non plus, de laisser un roi gouverner Israël. C'était prendre le risque de confier son peuple à des tyrans qui ne manqueraient pas de le malmener et de l'asservir. Mais, malgré les avertissements du prophète Samuel, les chefs des Juifs insistent tellement pour avoir un roi et ressembler ainsi aux nations païennes que Dieu leur fait cette concession (1 Samuel 8).

Dans l'Évangile, Jésus nous apprend que la loi de Moïse enregistre une autre concession de ce genre : qu'un homme ait le droit de répudier sa femme, explique-t-il aux pharisiens, c'est en raison de la « dureté du cœur » humain ; « mais au commencement il n'en était pas ainsi » (Matthieu 19, 8). Il y a donc du « jeu » entre le dessein de Dieu et sa réalisation en synergie avec notre liberté !

Pourtant, même les actes mauvais permis par Dieu peuvent être incorporés à son dessein. C'est la morale que la fin de la Genèse nous invite à tirer de l'histoire du Patriarche Joseph, fils de Jacob, qui fut vendu comme esclave par ses propres frères. Conduit par la Providence de Dieu, Joseph se retrouve à la cour de Pharaon, où ses services, et notamment sa capacité à interpréter les songes du roi et de ses officiers, lui valent de devenir le maître du Palais. C'est cette position qui lui permet d'accueillir ses frères en Égypte, au temps où une famine fait rage en Canaan. Joseph pardonne à ses frères : « Le mal que vous aviez dessein de me faire, le dessein de Dieu l'a tourné en bien afin d'accomplir ce qui se réalise aujourd'hui : sauver la vie à un peuple nombreux » (Genèse 50, 19). Dieu peut tirer d'un mal un plus grand bien. C'est ce qu'il a fait pleinement dans la mort de Jésus.

Le réalisme de la vie chrétienne

Libre à nous de nous entêter à avancer sur d'autres chemins, à vouloir prendre de dangereux raccourcis, ou à retourner en arrière comme les Hébreux. Le divin « GPS », lui, s'entête gentiment à nous indiquer comment revenir dans la bonne voie. Le « GPS » ne change pas la destination programmée. Ce qui change, ce sont les conditions nouvelles qui affectent notre trajet à mesure que nous sortons du chemin. Ces entraves ne faisaient pas partie de la route prévue ; elles ne nous empêchent pas, néanmoins, de garder le cap ou de le retrouver, pourvu que nous n'éteignions pas le « GPS ».

Là est le réalisme de la vie chrétienne. Nos erreurs, nos péchés aussi, nous en portons les conséquences, comme on porte les traces d'une blessure pourtant bien cicatrisée. Enseigner le contraire, prêcher un salut en forme de tableau magique, laisser croire que Dieu efface allègrement notre histoire, serait irresponsable. Ce que Dieu efface, si nous reconnaissons et regrettons nos fautes, c'est notre culpabilité : « Si vos péchés sont comme l'écarlate, ils deviendront aussi blancs que neige » (Isaïe 1, 18). Nos fautes, Dieu les écarte : « Aussi loin qu'est l'orient de l'occident, il met loin de nous nos péchés » (Psaume 102, 12). Mieux, il les jette « au fond de la mer » (Michée 7, 19), il ne s'en souvient plus (Jérémie 31, 34). Mais nos péchés ont beau avoir été pardonnés, nos actes, eux, n'en ont pas moins été posés, et ils continuent de dérouler leurs conséquences. On peut bien regretter d'avoir causé un carambolage, par exemple, et avoir reçu le pardon des personnes qui en ont le plus souffert ; cela ne supprimera pas pour autant les conséquences de l'accident. Il faudra les porter, et, dans la mesure du possible, les réparer.

En réalité, nos actes libres façonnent le visage de ce monde et ils façonnent aussi, dans une certaine mesure, notre visage d'éternité. Le salut que Dieu a opéré une fois pour toutes dans le Christ n'est pas un *reset*. C'est une *assomption*.

Jésus ressuscité montre ses plaies à ses Apôtres : jusqu'au Ciel, le réel oblige. C'est le signe, en même temps, que ce que nous sommes ici-bas, Dieu ne répugne pas à le soulever jusqu'à lui.

« Tu n'as de répulsion envers aucune de tes œuvres »

« Tu aimes tout ce qui existe, tu n'as de répulsion envers aucune de tes œuvres », dit l'auteur du livre de la Sagesse en s'adressant à Dieu (11, 24). De fait, poursuit-il, « si tu avais haï quoi que ce soit, tu ne l'aurais pas créé ».

Dieu aime tout ce qu'il a tiré du néant. Sinon, il ne l'aurait pas appelé à l'existence : personne ne l'y forçait ! Rien, donc, absolument rien dans la Création ne répugne à Dieu. Rien n'est en dehors de sa bonté créatrice.

Et le mal, alors ? Le mal, bien sûr, n'est pas une vue de l'esprit. Mais le mal n'a pas la consistance des êtres. Un peu comme une blessure : une plaie n'existe pas par soi ; on n'a jamais vu une plaie se promener toute seule ; la plaie existe dans la mesure où elle affecte un corps sain qui lui préexiste. En fait, c'est le corps qui existe comme tel, pas la plaie ; de même, le mal gangrène une réalité bonne.

Or la Bible nous amène à considérer que tout ce que Dieu a créé est bon. Le mal, par conséquent, ne trouve son origine ni dans l'acte créateur, ni dans l'épaisseur des êtres. Sa racine se loge ailleurs : dans l'exercice du libre arbitre des créatures spirituelles, ces « personnes » que sont les anges et les hommes.

En clair, le mal n'est pas dans les choses. Il est dans ce qu'on en fait. Le feu, par exemple, n'est pas mauvais en soi : avec le feu, on peut faire du bien en prodiguant lumière et chaleur partout où il y en a besoin ; mais on peut aussi l'utiliser pour détruire, en causant un incendie volontaire.

Même les démons, donc, ne sont pas « le Mal en soi » : le Mal personnifié n'existe pas ! Ces anges obstinés dans leur péché, Dieu ne les a pas créés mauvais. Mais leur bonté originelle, ils la détournent délibérément de sa source divine pour l'orienter définitivement vers d'autres fins que la communion avec Dieu.

Le poète anglais John Milton, au XVIIe siècle, avait bien compris ce revers de la liberté. Dans son

Paradis perdu, il fait dire à Satan : « Mieux vaut régner en Enfer que servir au Ciel. » En des termes plus métaphysiques, on dirait que le seul « lieu » où l'on peut prendre la place de Dieu, c'est dans *la causalité du mal*. Dieu est la cause de tout ce qui existe : il en est le Créateur. Mais Dieu n'est pas la cause du mal. « Dieu n'a pas idée du mal », comme saint Thomas d'Aquin l'a enseigné et comme l'a approfondi le frère Jean-Miguel Garrigues dans *Dieu sans idée du mal*, un best-seller des librairies catholiques. Saint Augustin avait vu juste quand il écrivait que l'Enfer est peuplé de personnalités narcissiques, prêtes à cultiver ultimement « l'amour de soi jusqu'au mépris de Dieu ». C'est là, en effet, qu'elles peuvent se prendre pour Dieu et le détrôner : là où il n'est pas.

Eh bien, de même, les êtres humains ne sont pas mauvais par nature. L'homme est foncièrement bon ; il l'est dans toute l'épaisseur de son être. Mais cette bonté, l'homme peut la dérober librement à l'alliance avec Dieu et fuir sa présence. Alors Dieu se met à sa recherche et l'appelle : « Adam, où es-tu ? » (Genèse 3, 9). Il ne se lasse pas de le chercher. Comme le berger appliqué à retrouver sa brebis perdue.

Le salut de la chair

En définitive, il n'y a pas un « atome » de notre être qui ne soit aimé de Dieu, et, Jésus nous le montre dans sa Pâque, pas un « atome » de notre être ne sera abandonné au néant. Dieu « veut que *tous les hommes* soient sauvés » (1 Timothée 2, 4) ; il veut aussi que *tout l'homme* soit sauvé.

Même le docte Thomas d'Aquin, qui ne passe pas pour un fantaisiste en matière de doctrine, l'enseignait : dans le monde à venir, notre nature humaine sera *entièrement* restaurée, corps et âme, avec tout ce qu'il faut (oui, oui, tout... sauf le péché, bien sûr !), et selon un état de perfection inouïe qui ferait pâlir de jalousie un Dorian Gray. Le personnage du roman d'Oscar Wilde se maintient dans une jeunesse indéfinie en vertu d'une malédiction fort coûteuse pour son âme. Dieu, lui, prodigue ses bienfaits sans compter, comme il fait tomber la pluie et rayonner le soleil sur les bons et sur les méchants (Matthieu 5, 45). L'Église croit que nul ne sera lésé au dernier jour. « Les dons gratuits de Dieu et son appel sont sans repentance » (Romains 11, 29). Toute chair ressuscitera

– dans l'amitié de Dieu, ou en dehors d'elle, si elle n'en veut pas.

Simplement, notre manière d'exercer notre humanité ne sera plus tout à fait la même. Jésus ressuscité mange avec ses disciples pour les assurer de l'authenticité de sa résurrection, et toute l'Écriture parle du royaume de Dieu comme d'un buffet bien garni et bien arrosé. Mais on n'a plus *besoin* de se nourrir dans le monde à venir. De même, « à la résurrection, on ne prend ni femme ni mari, mais on est *comme* les anges dans le ciel » (Matthieu 22, 30). Sûrement, tout est dans le « comme » : Dieu nous appelle à communier aux beautés du monde invisible, des réalités dont nous n'avons pas idée sur la terre, mais sans que notre nature humaine s'évapore pour autant en nature angélique.

Pour nous, la difficulté est double. D'une part, nous n'avons pas l'expérience de ce que peut être notre condition humaine au-delà de l'horizon de cette vie. Le corps humain, nous l'expérimentons à l'état terrestre, pas (encore) à l'état glorieux. Allez dire à la chenille broute choux qu'un jour elle s'envolera dans la lumière, déployant des ailes multicolores et puisant sa pitance au cœur parfumé des fleurs... Ou au bulbe enfoui dans le froid de l'hiver que dans quelques mois, il inclinera devant le soleil estival une robe à faire pâlir de jalousie les magnats de la haute couture... Pourtant, de la chenille au papillon, du bulbe à la fleur, il s'agit bien du même être, sans changement de nature.

D'autre part, notre rapport au corps est profondément perturbé par le péché. Nous ne savons pas ce que serait le bonheur de vivre dès maintenant avec un corps pleinement accordé aux élans les plus beaux de notre âme. Cette harmonie est brouillée : « Je ne fais pas le bien que je voudrais », se lamente saint Paul, « mais je commets le mal que je ne voudrais pas » (Romains 7, 19). C'est de là que vient cette tentation dont nous ne nous sommes jamais vraiment départis dans le christianisme : imaginer un salut *sans la chair*. Un salut « par évacuation de la chair », comme le dénonçait déjà saint Irénée quand il battait en brèche la doctrine des ancêtres du New Age, les « gnostiques », là où l'Évangile nous conduit au contraire à accueillir audacieusement un « salut de la chair » : une chair invitée à participer à la vie divine.

« Dans le cochon, tout est bon »

Pour le dire d'une façon plus triviale (trop, pardon !) : « Dans le cochon, tout est bon. » Et le cochon, paraît-il, est un animal dont le patrimoine génétique est très proche de celui de l'être humain. Ça laisse songeur…

La Bible le dit avec plus d'élégance, mais d'entrée de jeu, en déroulant le récit de la Création à la manière d'un poème scandé par ce refrain : « Et Dieu vit que cela était *bon.* » Et quand Dieu achève toute son œuvre, au terme du sixième jour (donc après la création de l'homme et de la femme), le poète conclut : « Dieu vit tout ce qu'il avait fait ; et voici : cela était *très bon* » (Genèse 1, 31).

La bonté de notre monde n'est donc pas une opinion pour le croyant, c'est une vérité de foi. Croire à l'Incarnation et à la résurrection de la chair exige par ailleurs qu'on intègre pleinement le corps humain dans le dessein de Dieu, avec toute son épaisseur : notre couenne compte aux yeux du Créateur !

Dieu, en effet, n'est pas embarrassé par la glaise. Comme le chante le psalmiste, « il sait de quoi nous sommes pétris » (Psaume 102, 14). *Adam*, c'est « l'homme », disions-nous plus haut. C'est aussi – autre explication possible de ce nom – l'être « de terre » (*adama*, en hébreu). Littéralement, le « Terreux », le « Glaiseux » : poupée de boue que Dieu a aimée au point de coller sa sainte face contre son museau pour lui insuffler la vie (Genèse 2, 7) – comme on ferait du bouche-à-bouche, précisent les exégètes.

Dieu, donc, ne craint pas de se salir en façonnant notre humanité. Son Fils ne craint pas de se salir en s'incarnant. Son Esprit ne craint pas de se salir en inondant nos cœurs. Et si nous en doutons encore, qu'il nous suffise de relire les évangiles. Jésus ne craint pas de *toucher* des personnes jugées « impures » : des malades en tout genre, des lépreux, des femmes souillées par un écoulement de sang ou une réputation douteuse, des possédés – et même des cadavres !

Sur le plan de la nature, il est vrai, une seule pomme pourrie suffit à gâter tout le panier. Mais l'Évangile, précisément, nous ouvre audacieusement à un autre plan : celui de Dieu, où tout devient possible pour peu qu'on lui fasse confiance. Sur ce plan, le plus n'a pas peur du moins, le pur n'est pas corrompu par l'impur. C'est l'inverse qui se produit au contact de Jésus : l'impur est purifié ; le pécheur, justifié. L'Église, donc, parce qu'elle n'est pas une ONG ou un organisme de bienfaisance parmi d'autres – le pape François le martèle depuis le début de son pontificat –, mais parce qu'elle est le Corps vivant du Christ, ne doit pas craindre de faire bon accueil aux pécheurs et de risquer sa réputation et sa santé dans des porcheries plus ou moins aseptisées.

C'est aussi l'un des plus beaux aspects du message de Lourdes. Rappelons-nous à quoi ressemblait la grotte avant que les Sanctuaires ne la pavent de marbre et ne l'agrémentent d'arbres et de fleurs. La « tute aux cochons », comme on l'appelait avant les apparitions, était un lieu sordide.

Les fermiers du coin y conduisaient leurs porcs – et l'on sait que dans la Bible, cet animal est l'emblème de l'impureté. Souvenons-nous de l'épisode mystérieux des porcs de Gadara, au bord de la mer de Galilée : Jésus y rencontre deux possédés (deux dans la version de Matthieu 8 ; un seul dans celle de Marc 5 et Luc 8) ; il les délivre en expulsant les démons vers un troupeau de pourceaux qui, finalement, se précipitent dans le lac pour s'y noyer. Rappelons-nous aussi la parabole dite du « fils prodigue » : le jeune homme, après avoir dilapidé son héritage dans la débauche, se retrouve à garder les porcs loin de la maison paternelle. Son maître est si pingre qu'il aurait bien voulu se remplir le ventre avec la tambouille des cochons (Luc 15, 16).

À la « tute aux cochons », en outre, le Gave charriait du bois mort, et les ossements d'animaux s'y entassaient : autres signes bibliques d'impureté. Peut-être même, suggèrent certains historiens, la grotte était-elle un lieu interlope, où l'on faisait des rencontres louches en marge de la ville ?

Rien n'inspire la confiance dans cette cavité froide et malodorante. Lorsque Marie demande à Bernadette de « boire à la fontaine » et de s'y « laver », la gamine doit s'y reprendre à trois fois tant l'eau boueuse de la source qu'elle vient de mettre au jour lui répugne. De la boue, elle en aura ce matin-là plein la figure, et tous les témoins de la scène en seront consternés. En ville, on la traitera de « petite merdeuse ». Et l'on passe sur les noms d'oiseaux dont Émile Zola, dans ses carnets préparatoires au roman *Lourdes*, affublera plus tard la voyante.

Quel contraste avec la bonté de la Dame du Ciel, qui promène son corps de gloire dans la « tute aux cochons » et se fait proche de Bernadette sans craindre de tacher sa robe de lumière. La Dame vouvoie sa confidente ; elle la regarde avec respect, « comme une personne » ; elle lui demande de lui « faire la grâce » de venir à sa rencontre dans ce lieu sinistre pendant quinze jours !

Décidément, le Ciel ne craint pas de se salir en se penchant vers la terre. Les saints ne se bouchent pas le nez quand ils rencontrent des pécheurs. Dieu et ses amis ne sont incommodés ni par notre pâte humaine, ni par notre péché. Non pas que Dieu apprécie de remuer la fange. Dieu a horreur du péché. Mais Dieu n'a pas horreur du pécheur. Quand on aime une personne malade, on déteste sa maladie, parce qu'elle ruine son existence. On aime cette personne *malgré* sa maladie. Et donc, on l'aime *avec* sa maladie. On n'attend pas qu'elle soit guérie pour l'aimer.

Mère Teresa fit un jour cette déclaration d'amour à un mourant, déjà rongé par les vers.

Alors qu'elle prodiguait les derniers soins à ce corps répugnant, l'homme lui demanda : « Pourquoi faites-vous cela ? » Le malheureux avait bien conscience de son état. La sainte lui répond : « Parce que je vous aime. » C'est de la même manière, et mieux encore, que Dieu étreint notre condition humaine, telle qu'elle est.

« Le Très-bas »

Dieu aime notre terre, et avec elle ses terriens. C'est ce qu'on peut entendre dans le premier verset du Psaume 84 : « Tu as aimé Seigneur cette terre... » D'où l'encouragement donné à son peuple dans le Psaume 36 : « Habite la terre et reste fidèle. » Bien sûr, c'est de la « Terre sainte » qu'il s'agit ici, celle que Dieu a donnée à Abraham et à sa descendance. Mais qu'est-ce qui empêche d'étendre ses frontières à la terre entière, puisque le salut rayonne à présent sur toutes les nations depuis Jérusalem : « Acclamez Dieu toute la terre, fêtez la gloire de son nom ! » (Psaume 65, 1-2).

Ce n'est pas sans raison que, pour se révéler aux hommes, Dieu a choisi le peuple d'Israël, avec son imaginaire rustique, mais aussi sa langue concrète, réputée pauvre en concepts, et son histoire pleine de convulsions, faite de tant de déroutes et de va-et-vient. Même la géographie, ici, est parlante : la « Terre promise » est bien petite en face des mastodontes qui l'enserrent, l'Égypte et Babylone. Et l'on sait aujourd'hui qu'elle se situe à un point du globe qui forme la cuvette du monde : c'est le lieu émergé le plus bas de notre planète (autour de quatre cents mètres sous le niveau de la mer dans la région où le Jourdain se jette dans la mer Morte, autrement dit là où l'on situe traditionnellement le baptême et les tentations de Jésus, mais aussi l'entrée des Hébreux en Terre promise sous la houlette de Josué) ! Véritable bouquet de symboles historiques et géographiques de ce qu'est notre vie terrestre.

Dieu notre Père a beau « être aux cieux », la croûte terrestre ne le rebute pas. Le Très-Haut n'a pas peur de coller au « très-bas », selon le titre du livre que Christian Bobin avait consacré à saint François d'Assise en 1992.

Comme le chante quotidiennement l'Église à l'office du matin, Dieu « tient dans sa main les profondeurs de la terre » (Psaume 94, 4). Et ces profondeurs, non seulement il les a faites, mais il les a visitées en y envoyant son Fils Jésus, un certain Sabbat (Pâques !), après que celui-ci eut foulé, pendant une trentaine d'années, une terre devenue encore plus « sainte » sous ses pas.

Assurément, le salut que le Dieu de la Bible nous offre en envoyant sa Parole dans notre chair (Noël !) et son Esprit dans nos cœurs (Pentecôte !) ne consiste pas à éliminer ce qu'il y a de terrestre en nous, mais à l'assumer, à l'emporter dans la vie divine. Ce qui signifie aussi intégrer les zones les plus basses, les plus enfouies, les plus reculées de notre être. Les plus marécageuses, aussi.

Un peu comme on « écrit » une icône : on pose d'abord les couleurs les plus sombres (dont les pigments proviennent de la terre, précisément !), et l'on ajoute ensuite les lumières. Les saints ne naissent pas avec une auréole, ni avec des dorures.

L'alchimie du Verbe

Cette alchimie pourrait se résumer dans ce vers de Baudelaire : « Tu m'as donné ta boue et j'en ai fait de l'or. »

C'est ainsi que l'auteur des *Fleurs du mal* (1857) apostrophait la ville de Paris dans l'un de ses poèmes publiés à titre posthume. Ce vers désignait ce que le jeune Rimbaud appellera un peu plus tard l'« alchimie du verbe » (1873), c'est-à-dire le pouvoir que le poète exerce, par la magie des mots, sur les réalités les plus viles. Dans cette veine poétique, celle des « poètes maudits », l'enjeu était « d'extraire la beauté du mal », sa « quintessence », comme l'avouait Baudelaire, suivant une inclination douteuse qui embarrasse les moralistes. La matière ne manquait pas : elle était fournie au poète par la vase morale des « égouts » de Paris – des « égouts qu'on ne peut pas curer », disait, résigné, Maître Derville dans un roman de Balzac, *Le Colonel Chabert* (1844).

L'alchimie du Verbe – on parle cette fois du Verbe de Dieu, celui qui s'est fait chair pour notre salut – est tout autre. Saint Irénée l'a restituée dans une formule bien frappée en écrivant : « Le Verbe de Dieu s'est fait ceci même que nous sommes pour faire de nous cela même qu'il est. » En Jésus, Dieu a épousé notre condition terrestre pour nous faire épouser sa condition céleste.

C'est l'« admirable échange » que chante la liturgie et que les Pères de l'Église n'ont cessé d'exalter en ramassant ce mystère d'alliance dans une phrase plus concise encore : « Dieu s'est fait homme pour que l'homme soit fait Dieu. » L'Incarnation du Verbe est le moyen que Dieu a choisi pour opérer notre « divinisation », comme disent les Pères. Cette alchimie-là ne suppose pas d'abord la boue de notre péché – même si elle l'intègre. Elle suppose la noble boue de notre humanité.

Là encore, l'héritage d'Irénée est précieux. Dans le sillage des passages de la Bible où Dieu est comparé à un potier pétrissant amoureusement la glaise dont il nous a tirés, l'évêque de Lyon insiste sur le fait que l'homme est modelé *directement* par Dieu. Pour façonner Adam, Dieu le Père n'hésite pas à plonger dans la terre « ses deux mains », c'est-à-dire, explique Irénée, son Verbe et son Esprit.

Mais cette création accomplie par la Trinité n'est pas tout à fait achevée. Dieu, pour couronner le chef-d'œuvre que nous sommes, a besoin de nous. Il veut pouvoir nous dire, comme Baudelaire, mais dans une perspective lumineuse cette fois-ci : « Tu m'as donné ta boue et j'en ai fait de l'or. » C'est la raison pour laquelle Irénée invite le chrétien auquel il s'adresse à offrir à Dieu « un cœur souple » :

> Si donc tu es l'ouvrage de Dieu, attends patiemment la Main de ton Artiste, qui fait toutes choses en temps opportun [...]. Présente-lui un cœur souple et docile et garde la forme que t'a donnée cet Artiste, ayant en toi l'Eau qui vient de lui et faute de laquelle, en t'endurcissant, tu rejetterais l'empreinte de ses doigts [...]. Par l'art de Dieu va être cachée l'argile qui est en toi. Sa Main [...] te revêtira d'or pur au-dedans et au-dehors, et elle te parera si bien, que le Roi lui-même sera épris de ta beauté.

Offrir à Dieu un cœur *boueux*, en somme ? La boue, effectivement, n'est pas autre chose qu'un mélange d'eau et d'argile : « argile » dont Dieu nous a faits, et eau « qui vient de lui », jaillie du cœur du Christ, signe de l'Esprit communiqué sans mesure et sans retour à l'occasion du baptême.

« Donne-moi ta boue humaine », dit Dieu, « et j'en ferai de l'or divin ». Noble boue de notre condition terrestre, d'abord, que Dieu « revêtira d'or pur au-dedans et au-dehors ». Mais aussi, pourquoi pas, boue indécrottable de notre péché.

Sous la main du Créateur, en effet, même les terres fangeuses peuvent se bonifier. Sainte Mariam Bawardi – la mystique arabe qui participa à la fondation des Carmels de Bangalore, de Bethléem et de Nazareth dans les années 1870 –, voyait les saints du Ciel comme de beaux arbres. Les plus grands d'entre eux, disait-elle, n'étaient pas ceux qui avaient le moins péché, mais ceux qui avaient su utiliser leur propre misère, les feuilles décomposées et le bois mort de leur péché, comme un engrais. On n'est pas loin ici d'une intuition qu'avait eue quelques années auparavant le dominicain Jean-Joseph Lataste au contact des reliques de sainte Marie-Madeleine puis des femmes jetées en prison, dont il était devenu l'aumônier : « Les plus grands pécheurs », devinait-il, « les plus grandes pécheresses ont en eux ce qui fait les plus grands saints ».

Cette alchimie, pour autant, ne se fait pas instantanément. Les bons jardiniers savent qu'il n'est pas recommandé de fertiliser le sol avec du fumier trop frais : on risquerait de brûler les racines des plantes. Il faut d'abord que le fumier se transforme en compost sous l'effet d'une activité lente et invisible.

Cette activité, dans les cœurs, c'est celle que permet l'humilité (l'*humi-d-ité* conseillée par Irénée ?). C'est l'humilité qui permet que le fumier, agressif et mortifère, soit changé en humus fertile. L'accompagnement spirituel nous l'apprend : les vies chrétiennes ne sont pas linéaires ; les ardeurs qui suivent les conversions enflammées se refroidissent un jour. Mais, moyennant l'humilité qui conduit à reconnaître et regretter ses échecs, même la cendre de ces feux de paille peut devenir à son tour un engrais, comme ces détritus compostés au pied des arbres dans la vision de Mariam.

Vers la fin des années 1870, autrement dit à l'époque où vivait la petite carmélite arabe, parut un livre à succès, au titre éminemment suggestif : *L'art d'utiliser ses fautes*, par Joseph Tissot. Était recueillie dans cet ouvrage la doctrine spirituelle si bienfaisante que saint François de Sales avait décantée près de trois siècles plus tôt. L'évêque de Genève le savait : « Tout concourt au bien de ceux qui aiment Dieu » (Romains 8, 28) – même les péchés, pourvu que, par la miséricorde de

Dieu, ils deviennent une occasion de croissance dans l'humilité et le réalisme de notre condition terrestre. C'est la *felix culpa* d'Ève et d'Adam que chante le poème de l'*Exultet*, au début de la vigile pascale : « Bienheureuse faute, qui nous valut un tel Rédempteur ! »

La petite Mariam n'était pas théologienne de métier, mais elle y voyait plus clair que certains d'entre eux. Elle avait compris que même ce qui pourrit secrètement au fond de nos cœurs peut devenir un fertiliseur puissant, si du moins nous acceptons humblement que la grâce de Dieu agisse sur ce terrain-là. Pas étonnant que le pape François, héraut de la divine Miséricorde, ait tenu à canoniser cette mystique étonnante (c'était en 2015). Non pas, assurément, pour donner en modèle ses lévitations et autres charismes spectaculaires, mais pour exalter la bonté que Dieu a fait resplendir à travers elle, jusque dans les épreuves qui ont talonné sa courte vie terrestre.

Aussi peut-on regretter que l'imaginaire chrétien ait fait de la boue le symbole du péché, court-circuitant le symbole biblique primordial de notre condition humaine. De l'humus à l'humilité de Marie, de la boue de Massabielle au corps glorieux de l'Immaculée, il y a une étonnante continuité, qui fait vibrer en même temps des harmoniques de l'Écriture : continuité de notre condition humaine que Dieu a façonnée avec amour, qu'il a épousée dans le Christ, sa Parole faite chair, et qu'il illumine par son Esprit répandu en nos cœurs. Mais même ce glissement dans les images finit par être fécond, si l'on veut bien apprendre « l'art d'utiliser ses fautes ».

C'est aussi ça, l'art d'être terrien.

Le labeur des bons à rien

Si le dessein de Dieu est un pétrin, il a ceci de particulier que la pâte humaine n'y est pas pétrie malgré elle. « Dieu qui t'a fait sans toi ne te sauvera pas sans toi », disait le génial Augustin...

Là commence le labeur des bons à rien. Dieu pourrait sauver les hommes en un clin d'œil, comme par enchantement. Mais la Bible n'est pas un conte de fées ; la vie chrétienne, non plus. La grâce n'opère pas à la manière d'une baguette magique. Elle fait appel à la libre coopération des êtres humains.

Cette synergie, dans l'Écriture, porte un nom : « l'Alliance ». Comme dans un mariage, Dieu et l'homme interagissent, depuis l'aube des temps. Et comme dans tous les couples, cela ne va pas sans bien des « couacs ».

« Choisis la vie »

De cette coopération, nous avons eu un premier aperçu avec l'image empruntée à saint Irénée : pour devenir le chef-d'œuvre étincelant que Dieu a l'intention de réaliser en toi, encore faut-il que l'argile que tu es entre les mains du Potier se laisse faire. C'est la base : se laisser façonner par Dieu.

Comme l'écrit l'évêque de Lyon au seuil du beau passage que nous avons lu précédemment : « Ce n'est pas toi qui fais Dieu, mais Dieu qui te fait. » Renoncer à se prendre pour Dieu, voilà la clef du bonheur.

Or se laisser aimer, consentir à exister, accueillir le don de Dieu, offrir au Créateur des dispositions favorables à l'accomplissement de son dessein bienveillant sur notre vie, ce n'est pas si évident.

Donner son consentement à l'existence suppose de faire tout un chemin intérieur : le chemin qui nous fait passer d'un surgissement dans l'existence totalement subi – « Dieu t'a fait sans toi... » – à une vie qu'on s'approprie avec gratitude et où l'on s'accomplit progressivement.

Les adolescents n'ont pas tort quand ils piquent leur crise existentielle et lancent à leurs parents : « Je n'ai pas demandé de vivre » ! Effectivement, tant que tu n'existes pas, tu ne peux rien demander. CQFD. Du même coup, tu n'as aucun mérite à faire valoir ! Ta venue au monde ? C'est ton père et – surtout ! – ta mère qui ont fait le plus gros du travail. Travail biologique de la conception et de l'enfantement, d'abord ; mais aussi travail long et laborieux de l'accompagnement de tes premiers pas dans l'existence. Sous cet angle, faire un enfant prend plus que neuf mois…

En la matière, donc, rien n'est plus ingrat et illusoire que la morgue du soi-disant *self-made-man*. Non, cher ami, sois réaliste : tu ne t'es pas fait tout seul ; on t'a fait. « On » ? Tes parents, ta famille, tes amis, ton environnement, et, plus radicalement encore, Dieu, qui porte dans l'être tout ce joli monde, et toi avec lui.

On t'a fait ; mais toi, à présent, que fais-tu de ce qu'on t'a fait ? On ne choisit pas tout dans la vie, loin de là. On ne choisit pas même d'exister. Mais on peut choisir, dans une certaine mesure, ce qu'on fait de son existence. « Choisis donc la vie », dit Dieu à son peuple Israël (Deutéronome 30, 19) !

Devant ce carrefour existentiel, face auquel nous amène tôt ou tard l'âge de raison, commence l'œuvre de longue haleine d'une nouvelle naissance, celle dont Jésus a parlé au vieux Nicodème (Jean 3), et qui n'est plus la naissance subie que nous ont imposée les forces de la nature et les amours de nos parents, mais celle qui fait de notre vie terrestre un tremplin minéral pour la vie avec Dieu. Cette naissance-là ne se fait pas sans l'aide de Dieu ; elle ne se fait pas non plus sans *notre consentement à la vie* par l'exercice, même balbutiant, du libre arbitre. « Dieu ne te sauvera pas sans toi… »

« Faire crédit à l'existence »

Ce don de la vie, Dieu nous invite à l'accueillir avec gratitude et à le faire fructifier de mille manières. Mais il arrive que la vie soit si pénible qu'on n'ait plus envie de porter ce cadeau changé en fardeau.

Parce qu'elle assume tout ce qu'est l'être humain, l'histoire sainte racontée dans la Bible fait écho à ces cris de détresse qui fracturent un jour ou l'autre l'existence de chacun. Ainsi en va-t-il, par exemple, du roi Ézéchias, atteint soudain d'une maladie mortelle, après une vie pourtant honnête. Il déverse devant Dieu sa souffrance et répand son « amertume amère » (Isaïe 38, 17). Avec le psalmiste, il sait bien que c'est Dieu « qui l'a tissé dans le sein de sa mère » (Psaume 22, 10 ; 138, 13). Il sait bien qu'il n'a aucun droit sur l'œuvre du Créateur. Mais le savoir est une chose ; l'accepter quand l'épreuve vous accable en est une autre. Le salut n'est pas une théorie, c'est une expérience !

Job, dans le livre qui porte son nom, a fait l'expérience d'une déréliction totale. Il a tout perdu : ses biens, ses fils, sa santé. Tout intègre qu'il soit devant Dieu, le brave homme en vient à se dire qu'il eût mieux valu pour lui périr dès le sein maternel (Job 3, 3-12 ; 10, 18). Une vie si malheureuse ne vaut pas la peine d'être vécue. « Maudis donc Dieu et meurs ! », lui crache sa femme (Job 2, 9). L'épouse de Tobit, frappé de cécité malgré ses bonnes œuvres, ne raisonne pas autrement (Tobie 2, 14).

Telle n'est pas la manière dont Dieu voit notre vie. Le Seigneur intervient et guérit Tobit, comme il guérit Job et Ézéchias, ou comme il rend prospère le Patriarche Joseph, après que celui-ci avait été vendu comme esclave par ses propres frères (Genèse 37-45). L'épreuve n'est pas épargnée aux amis de Dieu. Cette amitié, l'épreuve la secoue, parfois très violemment ; mais elle n'a pas le pouvoir de l'anéantir complètement, comme la tempête qui secoue la barque des Apôtres sans toutefois la faire couler (Matthieu 8, 24). Au-delà de cette nuit d'encre, viendra un temps où toute chair, et peut-être plus encore celle qui mord la poussière sous tant d'adversité, sera invitée à fleurir dans la lumière. Dieu seul sait la fécondité secrète de nos larmes.

Consentir à persévérer dans l'existence, et si possible aller de l'avant malgré toutes les épreuves qui, un jour ou l'autre, entament cet élan : voilà l'une des leçons de vie que nous donne le personnel de la Bible.

Même les personnes qui n'ont pas (encore) une foi explicite peuvent être amenées à « faire crédit à l'existence ». Cette belle expression est de Raïssa Maritain. On la trouve dans son récit autobiographique, *Les grandes amitiés*, au détour d'une page où la femme du célèbre philosophe se souvient des années les plus sombres de sa vie. Jacques et elle, à l'époque, étaient des étudiants assoiffés de vérité. Désabusés par les doctrines philosophiques et morales qui circulaient dans les cercles de l'intelligentsia parisienne au début du XXe siècle, ces jeunes gens désespéraient de trouver un sens à la vie et songeaient déjà au suicide. Leur soif de vérité ne fut pas étanchée dans les amphithéâtres de la Sorbonne, mais sur les fonts baptismaux d'une église parisienne. La porte de la foi, ils y furent conduits et ils purent l'ouvrir parce que, auparavant, ils avaient fait confiance à la Vie – même si cette Vie, ils ne l'appréhendaient qu'à tâtons comme un point lumineux au bout du tunnel.

Aucun mérite !

Sans doute n'insistera-t-on jamais assez sur le fait que c'est Dieu qui a l'initiative en toute chose. C'est lui qui « appelle à l'existence ce qui n'existait pas » (Romains 4, 17). C'est lui qui invite ses créatures à partager sa gloire. C'est lui qui leur donne sa grâce pour qu'elles soient rendues capables de répondre à cette invitation et de se laisser conduire jusqu'au bout du trajet commencé dans la glaise.

L'histoire sinueuse du peuple de l'Alliance symbolise cette vérité profonde. « Je vous ai donné une terre qui ne vous a coûté aucune peine, des villes dans lesquelles vous vous êtes installés sans les avoir bâties, des vignes et des oliveraies dont vous profitez aujourd'hui sans les avoir plantées », rappelle Josué aux enfants d'Israël, au moment de les établir – enfin ! – en Terre promise (Josué 24, 13).

Aucun mérite, *a priori*. Peu de temps auparavant, de fait, les Hébreux ont traversé le Jourdain à pied sec sous la houlette de Josué. Le fleuve leur barrait la route, mais Dieu a renouvelé pour eux le prodige qu'il avait accompli sur les eaux de la mer Rouge quelque quarante ans plus tôt, quand, conduits par Moïse, ils fuyaient les armées de Pharaon. Ensuite, les Hébreux ont forcé l'enceinte de Jéricho sans se donner de peine : au son de la trompette, au terme d'une ronde liturgique inhabituelle, le rempart de cette forteresse s'est effondré tout seul, leur ouvrant la conquête du pays. Cette conquête, d'ailleurs, ils l'avaient commencée avec la complicité d'une... prostituée, Rahab, qui avait caché les espions envoyés par Josué dans le pays !

À de nombreuses reprises, Israël vérifiera cette promesse faite à Moïse : « Le Seigneur combattra pour vous, et vous, vous n'aurez rien à faire » (Exode 14, 14). C'est Dieu, ce ne sont pas les armes, qui donne la victoire. Ni les armes, ni les puissants qui les manient : « Ne comptez pas sur les puissants, des fils d'homme qui ne peuvent sauver ! », prévient le psalmiste. Ces hommes-là, « leur souffle s'en va : ils retournent à la terre ; et ce jour-là, périssent leurs projets » (Psaume 145, 3).

Tel est l'enseignement qu'il faut tirer par exemple de la mort de Sisera, chef de l'armée de Canaan. Les hommes d'Israël le poursuivaient fébrilement. Mais il fut tué par une femme, Yaël, à l'aide d'un simple piquet de tente (Juges 4) !

Même leçon quand le Seigneur pousse Gédéon à lever une armée pour combattre des ennemis « aussi nombreux que des sauterelles » et disposant de « chameaux innombrables, comme est innombrable le sable au bord de la mer » (Juges 7, 12). Dieu demande à Gédéon que l'on passe de plusieurs milliers d'hommes à seulement trois cents, pour qu'il soit bien clair que la victoire viendra de lui.

Quant à Samson, s'il accomplit des exploits au champ de bataille, comme sa victoire sur mille hommes avec une simple mâchoire d'âne, ce n'est pas en vertu de ses seuls biceps. C'est parce que l'Esprit de Dieu l'a revêtu d'une force surhumaine à sa naissance. Mais ce serviteur de Dieu, lui non plus, n'est pas une lumière. Les demandes pressantes de sa femme Dalila, passée à l'ennemi, viennent à bout de sa prudence et provoquent sa chute quand il révèle son secret. Sa force réside… dans sa chevelure ! Celle-ci ne doit pas être coupée : elle est le signe de sa consécration à Dieu (Juges 15-16).

De toutes ces histoires, la victoire du jeune David contre Goliath, le géant philistin, est encore la plus parlante. Trop faible pour porter l'armure du roi Saül, c'est muni d'une fronde et de cailloux que notre jeune berger triomphe du colosse. David avait prévenu Goliath : « Tu viens contre moi avec épée, lance et javelot, mais moi, je viens contre toi avec le nom du Seigneur » (1 Samuel 17).

Lorsque les prophètes et les sages d'Israël se souviendront de ces événements fondateurs racontés en boucle dans leur épopée nationale, ils ne manqueront pas de conclure : « Le salut d'un roi n'est pas dans son armée, ni la victoire d'un guerrier, dans sa force » (Psaume 32, 16). Si les Israélites sont sauvés, c'est « par le Seigneur leur Dieu, et non par l'arc, l'épée ou la guerre, ni par les chevaux ni par les cavaliers » (Osée 1, 7). Israël est « le plus petit de tous les peuples » (Deutéronome 7, 7) ; il se découvre ainsi investi d'une puissance mystérieuse qui le dépasse infiniment : « Dieu me délivre d'un puissant ennemi, d'adversaires plus forts que moi » (Psaume 18, 40).

En quelque sorte, le peuple de la Bible vit très au-dessus de ses moyens ! Il est comme soulevé à maintes reprises par la faveur divine et placé à l'aplomb de sa condition ordinaire, laquelle n'est pas très avantageuse si on la compare à la force de ses voisins. C'est déjà, au fond, une bonne définition du « surnaturel ».

Gare à l'« effet yoyo » !

Nous sommes souvent des bons à rien au champ de bataille spirituel : dans la lutte contre les tentations, en général, c'est la bérézina ! C'est que nous combattons un ennemi plus fort que nous, prévient saint Paul : « Nous ne luttons pas contre des êtres de sang et de chair, mais contre [...] les esprits du mal » (Éphésiens 6, 12).

Or, paradoxalement, nos armes sont plus puissantes que celles de l'Ennemi. C'est Dieu, en effet, qui nous équipe d'une armure qui n'est pas écrasante comme l'était celle de Saül pour David. En revêtant le Christ par le baptême, nous endossons en même temps « l'équipement de combat donné par Dieu » (Éphésiens 6, 13), à savoir la panoplie des trois « vertus théologales », comme les appelle la théologie classique : la charité, l'espérance et la foi. La charité nous rend capables d'aimer Dieu, notre prochain et nous-mêmes de l'amour même dont le Père, le Fils et le Saint-Esprit s'aiment éternellement et aiment tout ce qui existe. L'espérance nous rend capables de désirer Dieu et la vie éternelle, qui ne sont pourtant pas à notre portée. La foi – il faudrait commencer par là – nous rend capables de connaître Dieu en adhérant avec confiance à des vérités que le Seigneur nous révèle et que nous ne pouvons pas vérifier pour l'instant.

La vraie vie surnaturelle se trouve ici, dans l'exercice quotidien de ces « forces » *(vertus)* dont « Dieu » lui-même *(théologales)* nous gratifie. La vie surnaturelle ne consiste pas d'abord dans les grâces et les charismes éclatants qui excitent souvent la curiosité des convertis. Du reste, quand l'auteur de la Première Épître de saint Pierre nous encourage à résister au Démon, il ne nous invite pas à nous lancer dans un face-à-face téméraire, à coups de jeûnes héroïques et d'oraisons impressionnantes. Il nous exhorte plutôt ainsi : « Résistez-lui avec la force de la foi » (5, 9). Réfugiez-vous en Dieu, autrement dit, en lui offrant une *confiance* inébranlable. Ou, pour reprendre la métaphore militaire de saint Paul, défendez-vous avec « le bouclier de la foi » (Éphésiens 6, 16).

Cette confiance en Dieu, c'est précisément ce que l'Ennemi veut nous faire perdre, comme il l'a perdue lui-même. Quand les chutes se multiplient et que la vie spirituelle prend l'allure d'un marécage, il est difficile de continuer à croire que nous avons du prix aux yeux de Dieu. C'est à ce moment-là que l'Adversaire nous enfonce la tête : « À quoi bon continuer à chercher l'amitié de Dieu, puisque, de toute manière, tu ne fais aucun progrès. Autant te résigner : tu n'es qu'un bon à rien ! »

C'est ce qui arrive aujourd'hui à des personnes qui, pour se libérer de toutes sortes d'addictions qui plombent leur vie spirituelle, suivent de bonne foi des « programmes de conversion », comme on suivrait un régime alimentaire, et qui imaginent qu'à la fin dudit « programme », elles seront stabilisées dans la vertu. Un peu comme si on commençait le Carême en se disant qu'à Pâques on sera parvenu à la sainteté. Une fois le programme terminé, la chute risque de n'en être que plus dure. C'est l'effet « yoyo » de la vie spirituelle : à chaque chute, la morsure des atavismes et des addictions fait voler en éclats de pieuses illusions. Sans doute faut-il recourir à toutes sortes d'appuis, y compris thérapeutiques, pour sortir de ces cycles lessivants. Mais la clef en matière de vie intérieure est plus simple. Maintenir sa confiance en Dieu coûte que coûte, c'est gagner la guerre, quand bien même on perdrait toutes les batailles.

Voilà le secret de la victoire ultime. Il a été souvent perdu de vue dans l'histoire de la spiritualité. Mais la « petite » Thérèse de Lisieux, docteur de l'Église, nous a aidés à le redécouvrir à la fin du XIXe siècle – mieux vaut tard que jamais ! « Moi si j'avais commis tous les crimes possibles », écrit-elle dans un poème bien connu, « je garderais toujours la même confiance, car je sais bien que cette multitude d'offenses n'est qu'une goutte d'eau dans un brasier ardent ». Sainte Thérèse mérite son « doctorat » : elle a su exprimer mieux que la plupart de ses prédécesseurs cette disposition fondamentale des amis de Dieu, celle-là même qui ouvrit les portes du Ciel au bon larron.

L'ADN des amis de Dieu

Cette expérience personnelle et communautaire d'un salut reçu par les tout petits a été tellement constitutive de l'aventure du peuple de Dieu qu'elle est passée, pour ainsi dire, dans son ADN.

C'est ce qui explique que les auteurs des livres bibliques composés à une époque plus tardive ne cessent de diffracter l'expérience du salut en de multiples récits. Après le retour d'exil à Babylone (l'Irak actuel), se succèdent en effet des catastrophes qui amènent les écrivains sacrés à raviver leur foi et à faire mémoire des exploits que Dieu avait accomplis au temps fondateur des Patriarches, de Moïse, des Juges, et des rois. Ces malheurs offrent en creux l'occasion de célébrer, à travers des histoires merveilleuses qui évoquent l'imaginaire des *Mille et une nuits*, le salut de Dieu.

C'est par exemple la reine Esther, dans la citadelle de Suse (l'Iran actuel). Par son intervention courageuse auprès d'Assuérus, le redoutable roi des Perses, cette jeune femme – pourtant timorée ! – parvient à neutraliser le plus influent des ministres, Amane. Celui-ci voulait l'extermination de tous les Juifs du royaume, à cause du comportement de Mardochée, qui refusait de se prosterner devant lui malgré l'ordre explicite du Palais. Pour empêcher le carnage, Esther brave l'interdit : elle ose pénétrer dans la chambre du roi sans la permission requise et s'effondre devant Assuérus. D'abord courroucé par cette intrusion (normalement punie de mort), le roi se laisse attendrir et exauce Esther. Finalement, Amane sera exécuté à la potence prévue pour Mardochée : tel est pendu qui croyait pendre ! Le mal se retourne contre ceux qui se frottent à lui.

C'est, autre exemple, le prophète Daniel et ses jeunes compagnons, Ananias, Azarias et Misaël, déportés à la cour de Babylone. Ceux-ci sortent vivants de la fournaise ardente (Daniel 3), celui-là de la fosse aux lions (Daniel 6), où ils avaient été jetés parce qu'ils préféraient rester fidèles à la foi de leurs ancêtres, plutôt que de rendre un culte à un autre dieu. Là aussi, leurs adversaires sont confondus par le miracle ; plusieurs périssent dans les flammes et la gueule des lions.

C'est aussi Suzanne, accusée d'adultère par deux « juges iniques » qui voulaient abuser de sa beauté dans un jardin de Babylone. Furieux de sa résistance, les vieillards se mettent d'accord pour témoigner faussement contre elle et obtiennent sans peine sa condamnation à mort, conformément à la loi de Moïse. Mais Dieu révèle finalement la vérité à Daniel : le jeune prophète surgit comme un *deus ex machina* au moment où l'on s'apprête à lapider Suzanne (Daniel 13), confond les accusateurs et fait retomber sur eux la peine qu'ils avaient voulu infliger à leur victime.

C'est encore Tobie qui vainc Asmodée, « le pire des démons », avec l'aide de l'ange Raphaël, et délivre ainsi Sarra, sa parente, de la malédiction qui avait emporté ses sept fiancés et l'avait empêchée jusqu'alors de se marier. Double *happy end*, ici : non seulement Tobie épouse Sarra ; mais, en outre, il revient à Ninive, chez son père Tobit, le plus vertueux des juifs de la diaspora babylonienne et le guérit de sa cécité, toujours grâce à l'intervention de Raphaël. Tout est bien qui finit bien !

C'est Judith, enfin, cette veuve qui repousse à elle seule l'armée du roi assyrien, Nabuchodonosor. Depuis Ninive, celui-ci avait envoyé ses troupes, conduites par le général Holopherne, pour conquérir toute la terre et imposer son culte. Apprenant cela, les Juifs tremblent. Dans la ville de Béthulie, devant laquelle Holopherne a mis le siège, c'est la panique. Les habitants sont au bord de la reddition. Mais Judith, piquée par le manque de foi de ses compatriotes, va dire sa façon de penser aux chefs de la ville et, avec pour seule arme sa foi, elle part à la rencontre d'Holopherne. Ébloui par la beauté de cette fille d'Israël, Holopherne l'introduit dans sa tente, s'enivre et, « noyé dans le vin » (Judith 13, 2), s'effondre près de Judith. La veuve de Béthulie saisit alors l'épée d'Holopherne et lui tranche la tête, offrant ainsi la victoire à Israël.

Il ne manque pas d'histoires dans la geste d'Israël pour illustrer les interventions inespérées de la Providence en faveur du peuple de Dieu – et nul doute qu'on pourrait épingler d'autres variations sur ce grand thème biblique. Tous ces récits lus dans les livres de Judith, de Tobie, de Daniel, d'Esther, suggèrent que la Bible est comme une machine à raconter *des histoires de salut* qui actualisent *une seule histoire du salut* : celle par laquelle Dieu conduit l'homme de la mort à la vie.

C'est ce que résume fort bien le psalmiste. Prêtant sa voix poétique à tous les membres du peuple de Dieu, il chante le salut dont il a fait à son tour l'expérience. Lui aussi, il sait ce que c'est que d'avoir été sauvé *in extremis*. Il se projette dans la situation d'un homme qui a été arraché de justesse au « gouffre des eaux » (Psaume 17, 17) ; dans celle d'un malheureux que Dieu a retiré « de la vase et de la boue » (Psaume 39, 3) ; ou encore dans celle d'un oiseau pris au piège par des chasseurs, mais qu'une main invisible a délivré : « Le filet s'est rompu, nous avons échappé » (Psaume 123, 7).

À travers toutes ces images, comme à travers tous ces récits, c'est toujours la même situation que célèbre l'Écriture, à la manière d'un kaléidoscope où se reflète sans cesse, sous des formes et des couleurs mouvantes, cette réalité ultime : « Seigneur, il est grand, ton amour pour moi : tu m'as tiré de l'abîme des morts » (Psaume 85, 13). Et pourtant, faudrait-il gloser, c'était mal engagé ! J'étais dans une situation désespérée, et la médiocrité de ma foi – pour ne rien dire de mon péché – n'arrangeait rien à l'affaire. Mais tu as eu pitié de ma misère, mon Dieu, et tu m'as sauvé. Oui, le Seigneur « m'a dégagé, mis au large, il m'a libéré car il m'aime », même si je suis un bon à rien (Psaume 18, 20).

Le mérite des bons à rien

Cette expérience faite par le « pauvre vermisseau de Jacob » (Isaïe 41, 14), voilà que grâce à Jésus, elle s'étend à présent à toutes les nations. Sur la croix, le Christ « était si défiguré qu'il ne ressemblait plus à un homme » comme l'avait entrevu Isaïe (Isaïe 52, 14). Le psalmiste lui fait dire : « Je suis un ver, pas un homme » (Psaume 21, 7). Mais ce ver est devenu papillon dans la chrysalide du sépulcre.

Le Nouveau Testament et l'histoire de l'Église sont riches d'histoires où se réfracte le salut de Dieu en faveur des « pauvres vermisseaux » que nous sommes à notre tour. Ce sont par exemple les innombrables guérisons physiques, psychiques, spirituelles, opérées par Jésus et ses disciples ; ce sont les exorcismes et même les résurrections qu'ils ont accomplies. Autant de miracles qui continueront de se produire dans les communautés chrétiennes et dans les vies des saints.

On songe aussi à ces interventions miraculeuses qui permettent aux Apôtres d'être délivrés quand tout est perdu. À trois reprises dans les Actes, le Ciel intervient pour libérer les disciples de leur prison (les Apôtres en Actes 5, 18-21 ; Pierre en 12, 6-18 ; Paul et Silas en 16, 25-34). L'ange l'avait bien dit à Marie (Luc 1, 31), puis à Joseph, en songe (Matthieu 1, 21) : l'enfant s'appellera « Jésus » – en hébreu, Yéshoua, c'est-à-dire « Dieu sauve », parce que c'est lui qui sauvera son peuple de ses péchés.

Dès lors, quand sera arrivée « la plénitude des temps » en Jésus (Galates 4, 4), il sera possible de voir dans la fresque biblique comme l'ombre portée de la réalité ultime : une préfiguration de la vie, terrestre et bientôt divine, que Dieu offre à tout être humain.

À d'innombrables reprises depuis l'époque des Patriarches, le peuple de Dieu a fait l'expérience de recevoir des dons immérités : une terre qu'il n'a pas gagnée, des villes qu'il n'a pas bâties, des vignes qu'il n'a pas plantées, comme le rappelait tout à l'heure Josué au moment d'établir le peuple en Terre promise. Mais Israël a reçu aussi un pardon salutaire qui lui a été inlassablement accordé, et qui a été renouvelé siècle après siècle, au gré de chaque chute. Plus fondamentalement encore, Israël a reçu un appel qu'il n'a pas devancé : celui qu'Abraham a entendu et auquel il a répondu.

Au fond, « qu'as-tu que tu n'aies reçu ? » (1 Corinthiens 4, 7). Paul, qui pose cette question aux chrétiens de Corinthe, a été très frappé par cette gratuité radicale et antérieure à tout mérite. Son enseignement, sur ce point, est sans ambiguïté : « C'est bien *par la grâce* que vous êtes sauvés, et par le moyen de la foi. Cela ne vient pas de vous, c'est le don de Dieu » (Éphésiens 2, 8). Même la foi qui permet d'écouter la Parole pour la mettre en pratique est donc un fruit de la vie divine en nous.

Il ne reste plus qu'à se tourner les pouces, alors, puisque c'est Dieu qui agit ? Non. Cette attitude qui guette les croyants a été maintes fois condamnée par l'Église. C'est le « quiétisme », en matière de vie spirituelle : « Je fonds en oraisons, et je laisse Dieu s'occuper de tout. » C'est le « fidéisme », en matière d'intelligence de la foi : « Inutile de comprendre quoi que ce soit à la Révélation, il suffit d'y croire. » Gare à la paresse tapie sous ces raisonnements... Là encore, le bon sens populaire tape dans le mille : « Aide-toi, et le Ciel t'aidera. » Fais la part du possible, en d'autres termes ; et celle de l'impossible, abandonne-la à Dieu.

Encore faut-il, pour cela, avoir confiance en Lui – on y revient toujours ! Et c'est là le grand mérite d'Abraham : « Abraham eut foi en Dieu, et il lui fut accordé d'être juste » (Romains 4, 3). Le pays de Canaan a été donné à Israël ? Encore fallait-il que son ancêtre Abraham écoute la Parole et se mette en route pour le recevoir. La mer Rouge s'est ouverte comme par enchantement ? Encore fallait-il que Moïse écoute la Parole et lève son bâton sur les eaux. Le Jourdain est retourné en arrière pour laisser passer Israël ? Encore fallait-il que Josué écoute la Parole et fasse avancer dans le fleuve l'arche d'alliance portée par les prêtres. Les murailles de Jéricho se sont effondrées au son de la trompette, après que le peuple eut fait sept fois le tour de la cité ? Encore fallait-il que l'on écoute la Parole et qu'on se prête à l'extravagante liturgie dirigée par Josué.

Oui, tout bons à rien qu'ils soient, les amis de Dieu ont au moins un mérite : celui de la foi. Ils écoutent la Parole de Dieu et la mettent en pratique. Pas toujours du premier coup ! Il n'est pas rare qu'il faille s'y reprendre à plusieurs fois, comme dans la parabole où un père envoie ses deux fils travailler à sa vigne : l'un dit non, puis finalement y va ; l'autre dit oui, mais n'y va pas (Matthieu 21, 28-31)...

Dans l'Église, autrefois, on parlait volontiers des « mérites ». Mais cette notion a été galvaudée – comme les indulgences, qui sont dans la même ligne –, parce qu'elle était mal comprise. Les mérites sont les fruits portés par la grâce dans un cœur qui s'ouvre librement à l'action de Dieu.

Ils n'obtiennent pas la grâce, ils n'en sont pas la cause ; ils en sont l'effet. Et ces fruits de grâce, on peut les offrir généreusement, pour que tous en profitent dans la communion des saints. C'est la logique de l'élection : Dieu ne donne pas sa grâce en vrac ; s'il choisit de combler certains, comme le peuple de l'Alliance, c'est pour que toutes les nations en bénéficient ! Peu de personnes communient au calice ; pourtant, le sang de Jésus a été versé « pour les multitudes ».

Beaucoup pensent que la vie chrétienne consiste à gagner des « points Ciel », comme quand on fait ses courses. Or le Ciel n'est pas un supermarché où il faudrait présenter sa carte de fidélité à la caisse ! On s'y désaltère « sans argent, sans rien payer », promettent le prophète Isaïe (55, 1) et l'auteur de l'Apocalypse (21, 6 ; 22, 17). La grâce, comme son nom l'indique, c'est *gratis* ! Le salut ne s'achète pas. Pas plus que l'amour. « Un homme donnerait-il toutes les richesses de sa maison pour acheter l'amour, il ne recueillerait que mépris » (Cantique 8, 7).

Cela, les bons à rien l'ont bien compris : comme Marie de Béthanie, ils ont choisi la meilleure part, elle ne leur sera pas enlevée (Luc 10, 42).

L'âge des bons à rien

Recevoir cette bonne part n'est pas sans produire d'effets. Quand la plante est exposée à la lumière du soleil, commence la photosynthèse. De même avec les panneaux solaires : ils produisent soudain de l'énergie. Ainsi en va-t-il d'un cœur humain qui s'ouvre librement à la lumière de la foi : une mise en mouvement s'opère.

Le plus ancien représentant de ce phénomène, c'est Abraham. Avec nos frères aînés dans la foi, les Juifs, qui sont sa descendance selon la chair, nous n'admirerons jamais assez ce vieil homme qui se mit en route pour répondre à l'appel de Dieu sans aucune assurance vie : « Quitte ton pays, ta parenté et la maison de ton père, et va vers le pays que je te montrerai » (Genèse 12, 1). La suite du récit précise qu'il « avait soixante-quinze ans lorsqu'il sortit de Harane », son pays (12, 4).

Sans doute les âges sont-ils démesurément grands dans les premiers livres de la Bible. Sans doute revêtent-ils une valeur symbolique, comme dans les chansons de geste et les mythes fondateurs. Mais tout lâcher après trois quarts de siècle, voilà qui n'est pas anodin. C'est dire qu'il n'y a pas d'âge pour entendre la Parole de Dieu ! Le jeune Samuel l'entend avant l'âge de raison (1 Samuel 3) ; le vieil Abraham l'entend sur le tard, et il n'est pas dur de la feuille !

Or cette écoute est féconde et fructueuse. Vingt-cinq ans après la sortie de Harane, Dieu fait surgir la vie dans le sein pourtant stérile de Sara, la femme d'Abraham. Ce couple de « petits vieux » – Abraham a cent ans quand naît Isaac, et Sara est nonagénaire ! – est le couple choisi par Dieu pour faire venir au monde l'enfant de la promesse, Isaac, et, à travers lui, tout le peuple d'Israël – et donc la Vierge Marie et le Seigneur Jésus. Par la suite, les histoires de femmes stériles rendues fécondes par l'action de Dieu se multiplieront. C'est Rachel, l'épouse de Jacob, la mère de Joseph (Genèse 30) ; c'est la femme de Manoah, la mère de Samson (Juges 13) ; c'est Anne, la mère de Samuel (1 Samuel 1) ; c'est « la Sunamite », qui offre l'hospitalité au prophète Élisée (2 Rois 4)... C'est Élisabeth, la cousine de la Vierge Marie, la mère de Jean-Baptiste (Luc 1).

Le plus admirable, dans toute cette histoire, c'est qu'Abraham – il s'appelait alors Abram – n'a probablement pas toujours été le croyant exemplaire que l'on sait. La foi, il n'est pas né dedans, ni tombé petit dans la marmite, comme Obélix. Si la Bible précise qu'il a « soixante-quinze ans » quand il entend la Parole de Dieu et se met en route, quittant « Ur des Chaldéens » (peuple réputé pour ses sortilèges et ses devins), elle nous dit aussi que ses ancêtres, ses parents – et Abraham avec eux, alors ? –, « servaient d'autres dieux » (Josué 24, 3). Bref, Abraham n'était pas juif !

Cela ne diminue pas le mérite du vieillard, au contraire, mais remet les pendules à l'heure. Dieu ne fait pas toujours appel à des croyants « canal historique » pour gonfler les assemblées de nos églises. Dans bien des paroisses, notamment urbaines, on est émerveillé de voir grandir le nombre de catéchumènes. Et des catéchumènes de tous âges. Des personnes qui « servaient d'autres dieux », au fond, et que la Parole a saisies, ouvrant en elles un chemin inattendu.

Les « bugs » des bons à rien

Mais servir d'autres dieux laisse des traces. Que nous ayons été reçus sur les fonts baptismaux tout petits ou à l'âge adulte, nous savons tous que bien des liens entravent encore notre progression vers la Terre promise. Souvent, comme l'ordinateur quand il mouline trop d'informations, notre foi « bugue ». Cela aussi, en quelque manière, l'histoire d'Abraham le reflète.

Le saint Patriarche ne s'est pas comporté en parfait « ami de Dieu » (Isaïe 41, 8 ; Jacques 2, 23) du jour au lendemain, du moins pas au sens où nos conventions morales l'entendraient. Que penser de ce mari qui, à deux reprises, va jusqu'à faire passer sa femme Sara pour sa sœur et la mettre dans les bras du pharaon d'Égypte, puis du roi de Guérar, Abimélek, afin de sauver sa tête (Genèse 12 et 20) ? Que penser de cet homme qui va vers Agar, la servante de sa femme, pour l'utiliser dans un premier temps comme mère porteuse ? Sara devient si jalouse de cette grossesse qu'Abraham est obligé de renvoyer Agar avec Ismaël, son petit (Genèse 16) ! Que penser enfin de ce père qui irait jusqu'à immoler son fils chéri, Isaac, l'enfant de la promesse, plutôt que de désobéir à Dieu (Genèse 22) ?

Impossible de répondre à ces questions sans admettre d'abord qu'elles se posent sur un horizon culturel qui n'est pas le nôtre. Difficile de le faire, ensuite, sans se demander aussi pourquoi la Bible nous rapporte tant d'histoires si embarrassantes pour « la foi et les mœurs », comme on dit dans le langage ecclésiastique.

Quid, par exemple, des combines de Rebecca et de Jacob (Genèse 27) ? Avec l'aide de sa mère, Rebecca, Jacob se fait passer pour son frère aîné, Ésaü, auprès de son père, Isaac, et détourne ainsi la bénédiction que le vieil Isaac, devenu aveugle, croyait prononcer sur Ésaü ! *Quid* de la polygamie des Patriarches ? Ici, Jacob bat son grand-père Abraham, et de loin : ce ne sont pas moins de quatre femmes (deux épouses et deux servantes) qui lui donnent les douze enfants dont sortiront les douze tribus d'Israël ! Par ailleurs, Jacob n'est pas en reste pour rouler son oncle Laban et lui dérober une bonne partie de son troupeau avant de s'enfuir de chez lui (Genèse 30) !

Quid, encore, des histoires mafieuses qui régissent la vie des fils de Jacob ? La tentative de fratricide sur le petit dernier, Joseph, est la plus fameuse ; elle se solde par la vente de Joseph aux Ismaélites, et par ces derniers aux Égyptiens. Des années plus tard, devenu premier ministre de

Pharaon, Joseph tiendra sa vengeance sur ses frères en les faisant passer – malhonnêtement – pour des voleurs quand ils viendront, poussés par la famine, acheter du blé aux Égyptiens (Genèse 44).

Que faire du récit du quasi-coma éthylique de Lot, le neveu d'Abraham, et de l'inceste commis à cette occasion par ses deux filles en vue de perpétuer le clan (Genèse 19) ? Les malheureuses ! Leur père était prêt à les livrer aux habitants de Sodome pour qu'ils défoulent sur elles leur libido, plutôt que de les laisser abuser des deux anges venus d'en haut pour arracher Lot à la destruction de la ville.

Et que penser de Jephté ? Ce personnage du Livre des Juges fait le vœu stupide de sacrifier à Dieu la première personne qu'il verra sortir de sa maison s'il s'en retourne vainqueur de la guerre contre les Ammonites. Manque de chance, c'est sa fille unique qui vient à sa rencontre en dansant pour fêter la victoire de son cher papa. Elle ne pensera même pas se soustraire à son sort (Juges 11)...

Franchement, le tableau n'est pas brillant – et encore, tout n'a pas été mis au jour : on n'a rien dit de ces scènes de guerre et de pillage qui font tant violence à la sensibilité moderne ! Pourtant, ce sont bien les ancêtres du Christ dont il s'agit ici. La généalogie de Jésus en saint Matthieu, du reste, ne passe pas sous silence les aspérités de la lignée dans laquelle s'inscrit la naissance du Sauveur. Les commentateurs font souvent remarquer que les noms de femme qui la ponctuent – Thamar, Rahab, Ruth, la femme d'Urie et la Vierge Marie – nous renvoient vers des situations embarrassantes.

Thamar se déguise en prostituée afin de tromper Juda, son beau-père, et de s'unir à lui. Elle se venge ainsi du Patriarche qui n'avait pas honoré sa promesse de la donner en mariage au dernier de ses trois fils. Il faut dire que les deux premiers étaient morts après avoir épousé Thamar (Genèse 38). Quelle histoire !

Rahab, c'est la prostituée de Jéricho qui a logé et caché les espions juifs au moment de la conquête de la Terre promise par Josué (Josué 2).

Ruth « la Moabite », comme Rahab, c'est une étrangère ; elle est venue glaner du blé à Bethléem, dans les champs de Booz. Celui-ci a pitié de cette miséreuse et l'épouse. Elle sera l'arrière-grand-mère du roi David (Ruth 4).

La femme d'Urie, c'est Bethsabée, que David a fait venir au palais de Jérusalem pour commettre avec elle l'adultère ; du mari gênant, il s'est ensuite débarrassé en l'envoyant à la mort sur le champ de bataille (2 Samuel 11).

Quant à la Vierge Marie, il faut garder à l'esprit que saint Joseph, son époux, aurait pu faire un scandale à cause de sa grossesse imprévue et la dénoncer comme adultère (Matthieu 1), ce qu'il n'a pas fait.

Pourquoi la Bible se fait-elle l'écho de tous ces « bugs » en humanité ? Pourquoi intègre-t-elle toutes ces situations à nos yeux si tordues, sinon parce que l'histoire du salut est foncièrement *réaliste* ?

Dès les premiers siècles de notre ère, les commentateurs de l'Écriture Sainte ont déployé des trésors d'ingéniosité en vue de trouver à ces pages embarrassantes une signification symbolique. C'était un moyen astucieux pour tirer le texte sacré vers le haut et le soustraire aux accusations d'immoralité.

Mais le passage par la spiritualité n'exige pas un tel artifice. La vérité, c'est que la Bible n'élude pas ce qu'il y a d'archaïque et d'obscur en l'homme. Elle ne passe pas sous silence la sauvagerie dont ce dernier est capable, notamment quand les questions religieuses exacerbent ses passions. Elle n'ignore pas non plus que le processus par lequel l'homme naît à « la liberté de la gloire des enfants de Dieu » (Romains 8, 21) ne se fait pas en un jour, mais selon une gestation dont Dieu connaît la durée.

Un regard sur l'actualité, y compris celle de nos communautés chrétiennes, suffit pour se rendre compte que ce labeur est loin d'être achevé. Nous peinons tellement à grandir en humanité… Certains s'agitent autour de la question de la fin des temps. Si elle coïncide avec l'achèvement de notre croissance d'enfants de Dieu, nous n'en sommes peut-être qu'au tout début du christianisme.

« Je n'ai pas encore commencé… »

Être chrétien, effectivement, ne dispense pas d'être humain. Ceux qui l'ont cru l'ont souvent payé cher – et l'ont fait payer plus cher encore à leur entourage. Or cet état achevé de notre humanité a déjà été atteint : nous pouvons le contempler en Jésus de Nazareth, vrai Dieu et *vrai homme*.

« Voici l'homme », *Ecce homo*, dit Ponce Pilate en présentant Jésus à ses persécuteurs (Jean 19, 5). Cette parole a une profondeur de champ que n'avait probablement pas perçue le procurateur romain. En Jésus, la nature humaine est portée à l'incandescence de la vie divine, certes ; mais elle est aussi portée à son plein accomplissement. « La grâce ne supprime pas la nature, elle la parfait », comme l'a si bien vu saint Thomas d'Aquin *(gratia non tollit naturam, sed perficit).* Naître à notre identité d'enfant de Dieu n'entraîne pas l'amputation de notre humanité, mais son épanouissement.

Cet avènement de l'homme à lui-même sous la poussée intérieure de la vie divine ne se fait pas en un jour, et Dieu sait que ce n'est pas en tirant sur la tige qu'on fait pousser les fleurs. Qu'il en faut, de la patience, pour voir éclore l'humanité selon le dessein de Dieu ! Là encore, la lecture cursive de la Bible aide à mesurer la patience que Dieu a déployée en faveur des hommes. Non seulement à l'occasion des scènes de marchandage auquel se livre Abraham pour sauver les habitants de Sodome, ou Moïse, puis Josué, pour sauver « le ramassis de gens » arraché à Pharaon (Nombres 11, 4) ; mais aussi, à travers les siècles, à l'occasion des sempiternelles chutes d'Israël.

C'est l'une des répétitions les plus navrantes de toute la Bible : l'homme retombe sans cesse dans ses péchés.

À peine est-il sorti d'Égypte, que le peuple de Dieu, pris en étau entre la mer Rouge et les chars de Pharaon, demande des comptes à Moïse : « L'Égypte manquait-elle de tombeaux, pour que tu nous aies emmenés mourir dans le désert ? » (Exode 14, 11). Cette ritournelle – « Que ne sommes-nous morts au pays d'Égypte ? » (Nombres 14, 2) – ponctuera bien des étapes de la marche dans le désert ! Mieux vaut mourir esclave dans la maison de Pharaon que vivre libre en enfant de Dieu !

À peine les chars de Pharaon ont-ils été engloutis dans la mer, que le peuple, tenaillé par la faim, oublie la puissance de Dieu et demande à retourner en Égypte pour s'asseoir auprès des marmites. Dieu n'est pas rancunier : il répond par le don de la manne et des cailles. Mais à peine les Hébreux sont-ils rassasiés de cette nourriture tombée du ciel, qu'ils s'affolent à l'idée de mourir de soif. Dieu fait alors jaillir l'eau du rocher. Et à peine sont-ils arrivés à la frontière de Canaan, après avoir reçu chaque jour une boisson et une nourriture imméritées, qu'ils s'effraient de devoir lutter contre les autochtones et demandent une nouvelle fois à retourner en arrière.

Sans parler de la moue qu'ils finissent par faire à propos de la manne : « Nous sommes dégoûtés de cette nourriture misérable » (Nombres 21, 5). « Misérable » ? Cette « nourriture d'ange » était pourtant prodigieuse. D'après le livre de la Sagesse, « ce pain aux multiples saveurs comblait tous les goûts ». Sans rien dire non plus du veau d'or, que les Hébreux se façonnent et adorent pendant que Moïse s'entretient avec Dieu sur la montagne du Sinaï et reçoit les Dix commandements : « Israël, voici tes dieux, qui t'ont fait monter du pays d'Égypte » (Exode 32, 4).

Bref, quelle ingratitude ! Et quel manque de foi ! Ces hommes, décidément, ont la mémoire courte. Combien de miracles leur faudra-t-il pour mettre leur confiance en Dieu et en ses serviteurs ? Au désert, le peuple d'Israël ne cesse de « murmurer », de « récriminer » contre son Libérateur. « Le soir et le matin et à midi, je me plains, je suis inquiet », comme dit le psalmiste (Psaume 54, 18)...

On aurait pu penser qu'après l'errance des quarante années au désert, les Hébreux eussent été purgés de cette inclination au péché. Mais non ! La geste de Josué, qui prend la suite de celle de Moïse, montre que le peuple, une fois établi en Terre promise, continue de désobéir à Dieu de manière récurrente.

Après le livre de Josué, celui des Juges dresse le même constat, avec un nouveau refrain : « Les Israélites recommencèrent à faire ce qui est mal aux yeux du Seigneur » (Juges 3, 12). Chaque fois, en effet, qu'une situation de crise est résolue grâce à l'intervention divine, le peuple se détourne à nouveau de Dieu et s'enfonce dans l'idolâtrie et l'abandon des règles reçues de Moïse et rappelées par Josué. Alors Dieu les livre aux conséquences de leurs péchés. Comme celles-ci débouchent sur une nouvelle crise, Israël se tourne à nouveau vers Dieu, crie vers lui sa détresse, et ça repart !

Au temps de la royauté, « rien de nouveau sous le soleil » (Qohélet 1, 9) ! Dorénavant, c'est la personne du roi qui concentre tous les griefs. Le premier d'entre eux, Saül, commence mal : il désobéit à Dieu pour faire du butin après la guerre contre les Amalécites (1 Samuel 15) ; il désobéit encore en demandant à une voyante d'évoquer l'âme du défunt Samuel pour lui révéler l'avenir (1 Samuel 28). Ces péchés causeront sa perte.

David le remplace, Israël a gagné au change. Ce monarque modèle, pourtant, est l'homme de l'adultère avec Bethsabée et du meurtre d'Urie, le soldat loyal, trompé par sa femme et par son roi (1 Samuel 11)...

Avec Salomon, le fils de David, les guerres sont finies ; place à la paix. Salomon construit à Jérusalem un Temple somptueux et fait figure de maître de sagesse dans le monde entier. Cela ne l'empêche pas de manquer de tempérance : « Sept cents épouses de rang princier et trois cents concubines » (1 Rois 11, 3). Quelle santé ! Mais ses amours avec des païennes l'amènent fatalement à bâtir des temples en l'honneur d'autres divinités. Ce péché sera la cause du schisme entre la tribu de Juda et le royaume d'Israël, composé de la plupart des autres tribus.

Dès lors, dans l'un et l'autre royaumes, ce n'est qu'une longue suite de rois tantôt fidèles, tantôt infidèles. L'histoire de ces royaumes jumeaux avance au rythme d'un refrain alterné : tel roi « fit ce qui est juste aux yeux du Seigneur », tel autre « fit ce qui déplaît au Seigneur » (1 Rois 14-15 et 2 R). Mais la symétrie n'est pas parfaite. De loin, c'est la seconde phrase qui l'emporte…

L'ensemble donne donc l'impression d'un interminable piétinement. La caravane de Dieu, semble-t-il, avance d'un pas, recule de deux. Comment s'expliquer que, même après le désastre du veau d'or, les Israélites ne se guérissent pas de cette maladie qu'est l'idolâtrie, au point d'élever en Terre promise des autels à d'autres dieux, d'y faire fumer de l'encens, d'y offrir des sacrifices et des prières, voire de faire non pas un, mais deux veaux d'or, comme au temps de Jéroboam (1 Rois 12) ?

La réponse pourrait surgir des *Sentences des Pères du désert*. On y rapporte cette anecdote à propos d'un vieux starets. Le saint homme achève sa course sur la terre, après une longue vie de prière et d'ascèse, sans doute débordante de mérites. Les moines se pressent contre ce corps mourant dont on fera bientôt des reliques. « Père, avant de nous quitter, donne-nous une parole de sagesse ! » Mais le vieillard est anxieux : « Que voulez-vous que je vous dise ? Je m'aperçois que je n'ai pas encore commencé à me convertir ! » On imagine le dépit de la pieuse assemblée...

L'ascenseur des bons à rien

L'explication du piétinement de la caravane est simple : l'histoire de l'Alliance rongée par l'idolâtrie, qui est contenue dans l'Écriture, ne dit pas autre chose que l'histoire de chacun d'entre nous avec Dieu.

Au fond, en effet, le péché se ramène à l'idolâtrie, puisqu'il consiste à préférer à Dieu une réalité qui entraîne la rupture de communion avec lui. « Se tourner vers la créature... au point de se détourner du Créateur », disent les théologiens. D'où la nécessité de la « conversion », qui consiste à « se tourner » à nouveau vers Dieu.

Le péché est une maladie chronique. On croit naïvement s'en être débarrassé, il revient comme un boomerang ! Beaucoup de chrétiens se lassent de retomber dans les mêmes péchés. Leur vie tourne en rond, semble-t-il. Oui, de fait, elle tourne en rond, comme l'histoire séculaire d'Israël racontée dans la Bible. Mais, en réalité, elle tourne en rond à la manière d'un escalier en colimaçon. Sans s'en rendre compte, à chaque tour, le pécheur s'élève, pour peu qu'il se laisse porter par la miséricorde de Dieu.

Le pécheur obstiné, lui, risque de descendre plusieurs marches et, s'il n'y prend pas garde, de se retrouver à la cave… C'est la dégringolade ! Elle peut être vertigineuse. Heureusement, « l'ascenseur du bon Dieu » n'est pas en panne, comme l'a bien compris l'astucieuse Thérèse de Lisieux.

La carmélite normande savait par expérience que grimper l'escalier de la perfection n'était pas à sa portée. Elle ne se décourage pas. Comme les Pères de l'Église, elle butine les pages de la Bible et en fait son miel. Un jour, tombe sous ses yeux ce verset : « Si quelqu'un est tout petit, qu'il vienne à moi » (Proverbes 9, 4, dans la version latine héritée de saint Jérôme, la Vulgate : *Si quis est parvulus veniat ad me*). Alors son intelligence s'illumine et son âme s'embrase : ceux qui se font tout petits comme ces enfants que Jésus accueille avec joie auprès de lui, le Seigneur les prend dans ses bras, les soulève sur son cœur, et ils goûtent les consolations promises dans le livre d'Isaïe : « Vous serez choyés sur les genoux. Comme un enfant que sa mère console, ainsi, je vous consolerai » (Isaïe 66, 12-13). Thérèse vient d'inventer « l'ascenseur du bon Dieu » !

Les bons à rien peuvent bien se lamenter sur leur faiblesse. C'est leur longueur d'avance.

Conclusion

Un grand saint fit un jour cette prière : « Seigneur, montre-moi ma misère. » Il la vit, et il en fut marri.

Le curé d'Ars – car c'est de lui qu'il s'agit – était persuadé que son ministère ne valait rien. Il tenta donc par trois fois de fuir sa paroisse pour aller pleurer ses péchés à l'ombre d'un cloître.

Les cordonniers sont les plus mal chaussés. Saint Jean-Marie Vianney accueillait les pénitents avec une patience et un soin pastoral admirables. Pour lui-même, en revanche, il était d'une grande austérité. Mais Dieu lui fit comprendre que s'infliger de sévères mortifications ne le glorifiait pas autant que relever les pécheurs. L'abbé se fit une raison. Il dépensa la plupart de ses forces au confessionnal, en gardant sans doute cette impression d'être un bon à rien.

Il y a deux manières d'être lucide sur sa misère et celle d'autrui. La première consiste à placer son péché sous une lumière crue, qui met froidement au jour ce que recèle le cœur de l'homme. C'est la tentation que le Diable inflige souvent aux amis de Dieu pour les amener à désespérer de sa miséricorde.

La seconde manière consiste à placer son péché sous une lumière chaude : celle, rayonnante, de l'amour de Dieu. En Dieu, « amour et vérité se rencontrent » (Psaume 88, 11). Parmi les personnes qui ont fait l'expérience de s'approcher des portes de la mort, plusieurs disent qu'elles ont vu en un instant le film de leur vie. Cette projection aurait dû les consterner, car le puissant faisceau qui détachait toutes ces images ne leur épargnait aucun détail. Il faisait même ressortir le retentissement du moindre acte posé, jusque dans le cœur des personnes qui avaient pu en être affectées. Mais, en réalité, le projecteur sur lequel défilait la bobine projetait une lumière qui n'était pas agressive. Cette lumière, c'était quelqu'un – quelqu'un d'une inexprimable bonté.

L'Église ne s'appuie pas vraiment sur ce genre de témoignage pour annoncer une miséricorde infinie, qui n'a d'autres limites que celles que lui oppose notre obstination à ne pas l'accueillir. L'enseignement des évangiles et l'expérience des saints, aux yeux des théologiens, font davantage autorité. L'Église enseigne que nous serons jugés. Mais elle sait que « nous serons jugés sur l'amour », suivant la belle formule de saint Jean de la Croix. Elle sait aussi que nous serons jugés par un juge qui n'est pas quelqu'un d'autre que notre sauveur. Le Christ n'est pas schizophrène. Son rôle de « juge des vivants et des morts » ne lui fait pas oublier les paroles qu'il a dites quand il était parmi nous : « Je ne suis pas venu juger le monde, mais le sauver » (Jean 12, 47).

Telle est la toile de fond sur laquelle se découpe, comme en ombres chinoises, la gloire des bons à rien : splendeur d'une clarté réconfortante, qui précède et sature toute réalité ; ombres portées de notre pâte humaine, alourdie et opacifiée par le péché, mais d'ores et déjà accueillie dans la lumière.

De ce petit théâtre, il est difficile de ne pas s'amuser parfois – même si ce qui s'y joue est assez pathétique. Dieu appelle l'homme à devenir le partenaire de sa gloire, et celui-ci se dérobe volontiers. En rire ou en pleurer ? Les deux, probablement, si l'on veut honorer l'allégresse et la pénitence qui accompagnent l'annonce de l'Évangile. « Nous vous avons joué de la flûte, et vous n'avez pas dansé ; nous avons chanté des lamentations, et vous n'avez pas pleuré » (Luc 7, 32), reproche Jésus à ses éteignoirs d'interlocuteurs, dont l'humanité trop lisse ne donne pas de prise à la Parole de Dieu.

Les bons à rien, eux, ne prennent pas les choses au tragique. Avec le psalmiste, ils offrent à Dieu les aspérités de leur vie, ils livrent les fêlures de leur être, ils célèbrent inlassablement la bonté de Dieu : « Ton amour me fait danser de joie : tu vois ma misère et tu sais ma détresse » (Psaume 30, 8).

On les dit incapables, incompétents, amateurs dans l'art d'aimer Dieu et de le faire connaître ? Ils l'admettent sans peine. Sous l'un ou l'autre rapport de leur vie chrétienne, ils savent qu'ils ne sont pas des champions. La vie, tôt ou tard, s'est chargée de dégonfler leurs illusions. Ils n'en souffrent pas : leur gloire, c'est Dieu.

Table des matières

Composition : Nord Compo

Achevé d'imprimer
sur les presses de la Nouvelle Imprimerie Laballery
58500 Clamecy

N° d'imprimeur : 211546
Achevé d'imprimer : décembre 2022
Dépôt légal : septembre 2022